Christian Morgensterns *Galgenlieder* und sein *Palmström*-Zyklus gehören zu den Klassikern der humoristischen Lyrik. «Der Lattenzaun» etwa, «Der Seufzer», «Das æsthetische Wiesel» und «Das Nasobēm» zählen bis heute in vielen Familien zum festen Bestand dessen, was man auswendig kann.

Weniger bekannt hingegen ist, daß diese Gedichte mit Max Knight einen Übersetzer gefunden haben, der sie auf kongeniale Weise ins Englische übertragen hat. Die vorliegende zweisprachige Ausgabe bietet damit doppelten Genuß. Nicht nur so schwierige Fälle wie «Fisches Nachtgesang» bewältigt Knight souverän und mit bestechender Eleganz, er übersetzt gar Unübersetzbares – zum Beispiel, indem er den «Lämmergeier» bzw. das «Geierlamm» in einen «Chicken Hawk» bzw. ein «Hawken Chick» verwandelt – und beweist damit messerscharf, daß eben doch «sein k a n n, was nicht sein d a r f».

In seinem «Nachwort» schildert der Übersetzer, wie er dazu kam, sich an die Übertragung von Morgensterns Gedichten zu machen. Und so, wie in den *Galgenliedern* eine «Schildkrökröte» («Tortoitoise») auftritt, skizziert der Herausgeber Niklaus Peter in seinem «Nachnachwort» die faszinierende Biographie Max Knights.

Christian Morgenstern (1871–1914), mit Paul Scheerbart und Joachim Ringelnatz wohl der bedeutendste deutschsprachige Verfasser grotesker Gedichte und Wegbereiter des Dadaismus, hat neben seinem lyrischen auch ein umfangreiches aphoristisches, dramatisches und übersetzerisches Werk hinterlassen.

Max Knight (1909–1993), als Max Kühnel in Pilsen geboren, wuchs in Wien auf. Nach einem Jurastudium war er als Schriftsteller und Journalist tätig. Aufgrund seiner jüdischen Herkunft mußte er 1938 aus Österreich fliehen. Über London und Schanghai gelangte er schließlich nach Kalifornien, wo er sich eine neue Existenz als Übersetzer und Verlagslektor aufbauen konnte. Für seine Karl-Kraus- und Nestroy-Übersetzungen erhielt er das «Goldene Ehrenzeichen für Verdienste um die Republik Österreich».

Niklaus Peter, geboren 1956, war Theologiedozent in Basel, Studentenseelsorger in Bern und Verlagsleiter in Zürich, bevor er 2004 als Pfarrer ans Zürcher Fraumünster berufen wurde.

Christian Morgenstern / Max Knight

Galgenlieder
Gallows Songs

und andere Gedichte
and Other Poems

Ausgewählt, übertragen und mit einem Nachwort
von Max Knight, herausgegeben sowie mit
einem Nachnachwort versehen von Niklaus Peter

Schwabe Verlag Basel

Die Gedichte Christian Morgensterns folgen dem 1932 von Margareta Morgenstern im Verlag Bruno Cassirer, Berlin, herausgegebenen Band: *Alle Galgenlieder. Galgenlieder, Palmström, Palma Kunkel, Der Gingganz.* Das «Gespräch einer Hausschnecke mit sich selbst» wurde der kommentierten «Stuttgarter Ausgabe» entnommen (Christian Morgenstern: *Werke und Briefe*, unter der Leitung von Reinhardt Habel hrsg. von Maurice Cureau, Helmut Gumtau †, Martin Kießig, Ernst Kretschmer und Marie-Luise Zeuch, Bd. III: *Humoristische Lyrik*, hrsg. von Maurice Cureau, Stuttgart: Urachhaus 1990, S. 162).

Die Übertragungen Max Knights stammen aus dem Buch: Christian Morgenstern: *Galgenlieder und andere Gedichte*, ausgewählt und ins Englische übertragen von Max Knight / *Gallows Songs and Other Poems*, selected and translated by Max Knight, München: Piper 1972. Herausgeber und Verlag danken der Familie Knight für die freundliche Genehmigung des Wiederabdrucks.

Schwabe reflexe 10
© 2010 Schwabe AG, Verlag, Basel
Kein Teil des vorliegenden Werkes darf in irgendeiner Form ohne schriftliche Genehmigung des Verlages reproduziert oder elektronisch verarbeitet, vervielfältigt oder verbreitet werden.
Gesamtherstellung: Schwabe AG, Druckerei, Muttenz/Basel
Printed in Switzerland
ISBN 978-3-7965-2693-0

www.schwabe.ch

Inhalt

Dem Mädchen der Bergwiese

Der Lattenzaun

Es war einmal ein Lattenzaun,
mit Zwischenraum, hindurchzuschaun.

Ein Architekt, der dieses sah,
stand eines Abends plötzlich da –

und nahm den Zwischenraum heraus
und baute draus ein großes Haus.

Der Zaun indessen stand ganz dumm,
mit Latten ohne was herum.

Ein Anblick gräßlich und gemein.
Drum zog ihn der Senat auch ein.

Der Architekt jedoch entfloh
nach Afri – od – Ameriko.

The Picket Fence

There used to be a picket fence
with space to gaze from hence to thence.

An architect who saw this sight
approached it suddenly one night,

removed the spaces from the fence,
and built of them a residence.

The picket fence stood there dumbfounded
with pickets wholly unsurrounded,

a view so naked and obscene,
the Senate had to intervene.

The architect, however, flew
to Afri- or Americoo.

Das æsthetische Wiesel

Ein Wiesel
saß auf einem Kiesel
inmitten Bachgeriesel.

Wißt ihr
weshalb?

Das Mondkalb
verriet es mir
im Stillen:

Das raffinier-
te Tier
tat's um des Reimes willen.

The Aesthetic Weasel

A weasel
perched on an easel
within a patch of teasel.

But why
and how?

The Moon Cow
whispered her reply
one time:

The sopheest-
icated beest
did it just for the rhyme.

Denkmalswunsch

Setze mir ein Denkmal, cher,
ganz aus Zucker, tief im Meer.

Ein Süßwassersee, zwar kurz,
werd ich dann nach meinem Sturz;

doch so lang, daß Fische, hundert,
nehmen einen Schluck verwundert. –

Diese ißt in Hamburg und
Bremen dann des Menschen Mund. –

Wiederum in eure Kreise
komm ich so auf gute Weise,

während, werd ich Stein und Erz,
nur ein Vogel seinen Sterz

oder gar ein Mensch von Wert
seinen Witz auf mich entleert.

Desire for a Monument

Set a monument for me,
built of sugar, in the sea.

It will melt, of course, and make
briefly a sweet-water lake;

meanwhile, fishes by the score
take surprised a sip or more.

They, in various ports, will then
be consumed, in turn, by men.

This way I will join the chain
of humanity again,

while, were I of stone or steel,
just some pigeon ungenteel,

or perhaps a Ph. D.
would discharge his wit on me.

Das Gebet

Die Rehlein beten zur Nacht,
hab acht!

Halb neun!

Halb zehn!

Halb elf!

Halb zwölf!

Zwölf!

Die Rehlein beten zur Nacht,
hab acht!
Sie falten die kleinen Zehlein,
die Rehlein.

The Does' Prayer

The does, as the hour grows late,
med-it-ate;

med-it-nine;

med-i-ten;

med-eleven;

med-twelve;

mednight!

The does, as the hour grows late,
meditate.
They fold their little toesies,
the doesies.

Anto-logie

Im Anfang lebte, wie bekannt,
als größter Säuger der Gig-ant.

Wobei gig eine Zahl ist, die
es nicht mehr gibt, – so groß war sie!

Doch jene Größe schwand wie Rauch.
Zeit gab's genug – und Zahlen auch.

Bis eines Tags, ein winzig Ding,
der Zwölef-ant das Reich empfing.

Wo blieb sein Reich? Wo blieb er selb? –
Sein Bein wird im Museum gelb.

Zwar gab die gütige Natur
den Elef-anten uns dafur.

Doch ach, der Pulverpavian,
der Mensch voll Gier nach seinem Zahn,

erschießt ihn, statt ihm Zeit zu lassen,
zum Zehen-anten zu verblassen.

O «Klub zum Schutz der wilden Tiere»,
hilf, daß der Mensch nicht ruiniere

die Sprossen dieser Riesenleiter,
die stets noch weiter führt und weiter!

Wie dankbar wird der Ant dir sein,
läßt du ihn wachsen und gedeihn, –

bis er dereinst im Nebel hinten
als Nulel-ant wird stumm verschwinden.

Anto-logy

Of yore, on earth was dominant
the biggest mammal: the Gig-ant.

("Gig" is a numeral so vast,
it's been extinct for ages past.)

But off, like smoke, that vastness flew.
Time did abound, and numbers too,

until one day a tiny thing,
the Tweleph-ant, was chosen king.

Where is he now? Where is his throne?
In the museum pales his bone.

True, Mother Nature gave with grace
the Eleph-ant us in his place,

but, woe, that shooting anthropoid
called "Man," in quest for tusks destroyed

him ere he could degenerate,
by stages, to an Ten-ant's state.

O noble club, SPCA,
don't let Man wholly take away

the steps of that titanic scale
that leads still farther down the trail.

How grateful will the Ant survive
if left to flourish and to thrive,

until he, in a far-off year,
as Zero-ant will disappear.

Gespräch einer Hausschnecke mit sich selbst

Soll i aus meim Hause raus?
Soll i aus meim Hause nit raus?
Einen Schritt raus?
Lieber nit raus?
Hausenitraus –
Hauseraus
Hauseritraus
Hausenaus
Rauserauserauserause ....

(Die Hausschnecke verfängt sich in ihren eigenen Gedanken oder vielmehr diese gehen mit ihr dermaßen durch, daß sie die weitere Entscheidung der Frage verschieben muß.)

The Snail's Monologue

Shall I dwell in my shell?
Shall I not dwell in my shell?
Dwell in shell?
Rather not dwell?
Shall I not dwell,
shall I dwell,
dwell in shell
shall I shell,
shallIshellIshallIshellIshallI ...?

(The snail gets so entangled with his thoughts or, rather, the
thoughts run away with him so that he must postpone the decision.)

Fisches Nachtgesang

Fish's Night Song

Die unmögliche Tatsache

Palmström, etwas schon an Jahren,
wird an einer Straßenbeuge
und von einem Kraftfahrzeuge
überfahren.

«Wie war» (spricht er, sich erhebend
und entschlossen weiterlebend)
«möglich, wie dies Unglück, ja – :
daß es überhaupt geschah?

Ist die Staatskunst anzuklagen
in Bezug auf Kraftfahrwagen?
Gab die Polizeivorschrift
hier dem Fahrer freie Trift?

Oder war vielmehr verboten,
hier Lebendige zu Toten
umzuwandeln, – kurz und schlicht:
Durfte hier der Kutscher nicht – ?»

Eingehüllt in feuchte Tücher,
prüft er die Gesetzesbücher
und ist alsobald im Klaren:
Wagen durften dort nicht fahren!

Und er kommt zu dem Ergebnis:
Nur ein Traum war das Erlebnis.
Weil, so schließt er messerscharf,
nicht sein kann, was nicht sein darf.

The Impossible Fact

Palmstroem, old, an aimless rover,
walking while in deep reflection
at a busy intersection
is run over.

"How, now," he announces, rising
and with firmness death despising,
"can an accident like this
ever happen? What's amiss?"

"Did the state administration
fail in motor transportation?
Under the police chief's sway
had the driver right of way?"

"Isn't there a prohibition,
barring motorized transmission
of the living to the dead?
Did the driver lose his head?"

Tightly swathed in dampened tissues
he explores the legal issues,
and it soon is clear as air:
Cars were not permitted there!

And he comes to the conclusion:
His mishap was an illusion,
for, he reasons pointedly,
that which *must* not, *can* not be.

Auf dem Fliegenplaneten

Auf dem Fliegenplaneten,
da geht es dem Menschen nicht gut:
Denn was er hier der Fliege,
die Fliege dort ihm tut.

An Bändern voll Honig kleben
die Menschen dort allesamt
und andre sind zum Verleben
in süßliches Bier verdammt.

In Einem nur scheinen die Fliegen
dem Menschen vorauszustehn:
Man bäckt uns nicht in Semmeln
noch trinkt man uns aus Versehn.

At the Housefly Planet

Upon the housefly planet
the fate of the human is grim:
for what he does here to the housefly,
the fly does there unto him.

To paper with honey cover
the humans there adhere,
while others are doomed to hover
near death in vapid beer.

However, one practice of humans
the flies will not undertake:
they will not bake us in muffins
nor swallow us by mistake.

Der Schnupfen

Ein Schnupfen hockt auf der Terrasse,
auf daß er sich ein Opfer fasse

– und stürzt alsbald mit großem Grimm
auf einen Menschen namens Schrimm.

Paul Schrimm erwidert prompt: Pitschü!
und hat ihn drauf bis Montag früh.

The Sniffle

A sniffle crouches on the terrace
to catch a victim he can harass.

And suddenly he jumps with vim
upon a man by name of Schrimm.

Paul Schrimm, responding with "hatchoo,"
is stuck with him the weekend through.

Die Trichter

Zwei Trichter wandeln durch die Nacht.
Durch ihres Rumpfs verengten Schacht
fließt weißes Mondlicht
still und heiter
auf ihren
Waldweg
u. s.
w.

The Funnels

Two funnels travel through the night;
a sylvan moon's canescent light
employs their bodies' narrow
flue in flowing pale
and cheerful
thro
ug
h

Golch und Flubis

Golch und Flubis, das sind zwei
Gaukler aus der Titanei,

die mir einst in einer Nacht
Zri, die große Zra vermacht.

Mangelt irgend mir ein Ding,
ein Beweis, ein Baum, ein Ring –

ruf ich Golch und er verwandelt
sich in das, worum sich's handelt.

Während Flubis umgekehrt
das wird, was man gern entbehrt.

Bei z.B. Halsbeschwerden
wird das Halsweh Flubis werden.

Fällte dich z.B. Mord,
ging' der Tod als Flubis fort.

Lieblich lebt es sich mit solchen
wackern Flubissen und Golchen.

Darum suche jeder ja
dito Zri, die große Zra.

Golch and Flubis

Golch and Flubis, these are two
sorcerers from Shangri-loo

who, one night, were given me
by the mighty Zra queen, Zri.

If I lack a certain thing,
– say, a proof, a tree, a ring –

I call Golch, who will with speed
change himself to what I need.

Flubis, contrary to this,
turns to what one wants to miss.

If a painful throat your plight is,
Flubis flees as laryngitis.

If a slayer stabbed your heart,
Flubis would as Death depart.

Life's a lark, indeed, when these
Golches help and Flubises.

Fortunate, therefore, is he
who wins grace from Zra queen Zri.

Galgenberg

Blödem Volke unverständlich
treiben wir des Lebens Spiel.
Gerade das, was unabwendlich
fruchtet unserm Spott als Ziel.

Magst es Kinder-Rache nennen
an des Daseins tiefem Ernst;
wirst das Leben besser kennen,
wenn du uns verstehen lernst.

Gallows Hill

Enigmatic for the masses
playfully with life we fool.
That which human wits surpasses
draws our special ridicule.

Call it infantile vendetta
on life's deeply serious aim –
you will know existence better
once you understand our game.

Bundeslied der Galgenbrüder

O schauerliche Lebenswirrn,
wir hängen hier am roten Zwirn!
Die Unke unkt, die Spinne spinnt,
und schiefe Scheitel kämmt der Wind.

O Greule, Greule, wüste Greule!
Du bist verflucht! so sagt die Eule.
Der Sterne Licht am Mond zerbricht.
Doch dich zerbrach's noch immer nicht.

O Greule, Greule, wüste Greule!
Hört ihr den Huf der Silbergäule?
Es schreit der Kauz: pardauz! pardauz!
da taut's, da graut's, da braut's, da blaut's!

Chorus of the Gallows Gang

O life of horror-stricken dread!
We dangle from the crimson thread.
The spider spins, the croaker croaks,
and skewy skulls the nightwind strokes.

O growl, O growl, O rumbling growl!
You are accursed, so speaks the owl.
The starlight pales before the moon.
Will you yourself be paling soon?

O growl, O growl, O rumbling growl!
You hear the silver horses prowl?
The hooter hoots his weird hoo-hoos.
It dawns and dews and brews and blues.

Galgenbruders Lied an Sophie,
die Henkersmaid

Sophie, mein Henkersmädel,
komm, küsse mir den Schädel!
Zwar ist mein Mund
ein schwarzer Schlund –
doch du bist gut und edel!

Sophie, mein Henkersmädel,
komm, streichle mir den Schädel!
Zwar ist mein Haupt
des Haars beraubt –
doch du bist gut und edel!

Sophie, mein Henkersmädel,
komm, schau mir in den Schädel!
Die Augen zwar,
sie fraß der Aar –
doch du bist gut und edel!

The Hanged Man's Song to the Hangman's Maid

Sophia, hangman's mate,
O come and kiss my pate!
My mouth now is
a black abyss –
but you are nobly great!

Sophia, hangman's mate,
O come, caress my pate!
My skull is bare
and lacking hair –
but you are nobly great!

Sophia, hangman's mate,
O come, behold my pate!
The eagle flies –
he picked my eyes.
But you are nobly great.

Nein!

Pfeift der Sturm?
Keift ein Wurm?
Heulen
Eulen
hoch vom Turm?

Nein!

Es ist des Galgenstrickes
dickes
Ende, welches ächzte,
gleich als ob
im Galopp
eine müdgehetzte Mähre
nach dem nächsten Brunnen lechzte
(der vielleicht noch ferne wäre).

Nay!

Shrieks the gale?
Squeaks the snail?
Howls
an owl's
hoo-hoot from jail?

Nay!

It is the gallows' loose
noose
with its heavy end a-rasping,
just as though
on the go
an exhausted, panting steed
for the nearest trough were gasping
(which might still be far indeed).

Galgenkindes Wiegenlied

Schlaf, Kindlein, schlaf,
am Himmel steht ein Schaf;
das Schaf, das ist aus Wasserdampf
und kämpft wie du den Lebenskampf.
Schlaf, Kindlein, schlaf.

Schlaf, Kindlein, schlaf,
die Sonne frißt das Schaf,
sie leckt es weg vom blauen Grund
mit langer Zunge wie ein Hund.
Schlaf, Kindlein, schlaf.

Schlaf, Kindlein, schlaf.
Nun ist es fort, das Schaf.
Es kommt der Mond und schilt sein Weib;
die läuft ihm weg, das Schaf im Leib.
Schlaf, Kindlein, schlaf.

Gallows Child's Lullaby

Sleep, baby, sleep,
there's in the sky a sheep;
the sheep is made of cloud and dew
and fights life's battle just like you.
Sleep, baby, sleep.

Sleep, baby, sleep,
the sun eats up the sheep,
he laps it from the azure ground
with tongue extended like a hound.
Sleep, baby, sleep.

Sleep, baby, sleep.
Now it is gone, the sheep.
The moon appears and starts to chide
her mate who runs, the sheep inside.
Sleep, baby, sleep.

Wie sich das Galgenkind
die Monatsnamen merkt

Jaguar
Zebra
Nerz
Mandrill
Maikäfer
Ponny
Muli
Auerochs
Wespenbär
Locktauber
Robbenbär
Zehenbär.

How the Gallows Child
Remembers the Names of the Months

Jaguary
Cassowary
Marten
Mandrill
Maybird
Coon
Shoofly
Locust
Serpent bear
Octopus
North Pole bear
Remem bear

Der Mond

Als Gott den lieben Mond erschuf,
gab er ihm folgenden Beruf:

Beim Zu- sowohl wie beim Abnehmen
sich deutschen Lesern zu bequemen,

ein a formierend und ein z –
daß keiner groß zu denken hätt'.

Befolgend dies ward der Trabant
ein völlig deutscher Gegenstand.

The Moon

When God had made the moon on high,
He did as follows specify:

while waning, waxing overhead,
her phase in German should be read,

an a describing and a z
(read "Ab" and "Zu" in Germany).

And thus became what shines at night
a purely German satellite.

Der Rabe Ralf

Der Rabe Ralf
  will will hu hu
dem niemand half
  still still du du
half sich allein
am Rabenstein
  will will still still
    hu hu

Die Nebelfrau
  will will hu hu
nimmt's nicht genau
  still still du du
sie sagt nimm nimm
's ist nicht so schlimm
  will will still still
    hu hu

Doch als ein Jahr
  will will hu hu
vergangen war
  still still du du
da lag im Rot
der Rabe tot
  will will still still
    du du

The Raven Ralph (Who Ate Gallows Food)

The Raven Ralph
   will will hoo hoo,
he halped himsalf
   still still do do
all on his own
at Raven's Stone
   will will still still
      hoo hoo.

The Maid of Mist
   will will hoo hoo
knows every twist
   still still do do
"Take, take," said she,
"'tis all for free."
   will will still still
      hoo hoo.

But when at last
   will will hoo hoo
a year had passed
   still still do do
the sun rose red,
and Ralph lay dead
   will will still still
      do do.

K. F. R.

Das Knie

Ein Knie geht einsam durch die Welt.
Es ist ein Knie, sonst nichts!
Es ist kein Baum! Es ist kein Zelt!
Es ist ein Knie, sonst nichts.

Im Kriege ward einmal ein Mann
erschossen um und um.
Das Knie allein blieb unverletzt –
als wär's ein Heiligtum.

Seitdem geht's einsam durch die Welt.
Es ist ein Knie, sonst nichts.
Es ist kein Baum, es ist kein Zelt.
Es ist ein Knie sonst nichts.

The Knee

On earth there roams a lonely knee.
It's just a knee, that's all.
It's not a tent, it's not a tree,
it's just a knee, that's all.

In battle, long ago, a man
was riddled through and through.
The knee alone escaped unhurt
as if it were taboo.

Since then it roams, a lonely knee,
it's just a knee, that's all.
It's not a tent, it's not a tree,
it's just a knee, that's all.

Der Schaukelstuhl
auf der verlassenen Terrasse

«Ich bin ein einsamer Schaukelstuhl
und wackel im Winde, im Winde.

Auf der Terrasse, da ist es kuhl,
und ich wackel im Winde, im Winde.

Und ich wackel und nackel den ganzen Tag.
Und es nackelt und rackelt die Linde.
Wer weiß, was sonst wohl noch wackeln mag
im Winde, im Winde, im Winde.»

The Rocking Chair
on the Deserted Terrace

"I am a lonely rocking chair
and I swing in the breeze, in the breeze.

Out on the terrace, so c-o-o-o-l is the air,
and I swing in the breeze, in the breeze.

And I'm swinging and swaying the live long day,
as are swaying and playing the trees.
Who knows, I wonder, what else may sway
in the breeze, in the breeze, in the breeze."

Der Seufzer

Ein Seufzer lief Schlittschuh auf nächtlichem Eis
    und träumte von Liebe und Freude.
Es war an dem Stadtwall, und schneeweiß
    glänzten die Stadtwallgebäude.

Der Seufzer dacht' an ein Maidelein
    und blieb erglühend stehen.
Da schmolz die Eisbahn unter ihm ein –
    und er sank – und ward nimmer gesehen.

The Sigh

A sigh went a-skating on ice in the night,
    of love and of joy he was dreaming.
It was near the town wall, and snow white
    the town wall's mansions were gleaming.

The sigh, he thought of a maiden fair,
    and a-glowing he stopped on the scene.
That melted the ice below him there
    and he sank – and was nevermore seen.

Galgenbruders Frühlingslied

Es lenzet auch auf unserm Spahn,
o selige Epoche!
Ein Hälmlein will zum Lichte nahn
aus einem Astwurmloche.

Es schaukelt bald im Winde hin
und schaukelt bald drin her.
Mir ist beinah, ich wäre wer,
der ich doch nicht mehr bin ...

Gallows Brother's Spring Song

It's springtide at my gallows' beams!
O time of joy and blessing!
A bladelet in a knothole dreams
of sunlight's sweet caressing.

The breezes rock it tenderly,
they rock it to and fro –
I almost feel alive, although
I am no longer me.

Das Hemmed

Kennst du das einsame Hemmed?
  Flattertata, flattertata.

Der's trug, ist baß verdämmet!
  Flattertata, flattertata.

Es knattert und rattert im Winde.
  Windurudei, windurudei.

Es weint wie ein kleines Kinde.
  Windurudei, windurudei.

  Das ist das einsame
    Hemmed.

Song of the Derelict Shirt

Know ye the derelict shirret?
    Fluttera-tah, fluttera-tah.

He's damned who used to wear it!
    Fluttera-tah, fluttera-tah.

It's chucked and it's plucked by the gale.
    Winduru-deye, winduru-deye.

It whines with a babyish wail.
    Winduru-deye, winduru-deye.

      That is the derelict
          shirret.

Der Sperling und das Känguru

In seinem Zaun das Känguru –
es hockt und guckt dem Sperling zu.

Der Sperling sitzt auf dem Gebäude –
doch ohne sonderliche Freude.

Vielmehr, er fühlt, den Kopf geduckt,
wie ihn das Känguru beguckt.

Der Sperling sträubt den Federflaus –
die Sache ist auch gar zu kraus.

Ihm ist, als ob er kaum noch säße ...
Wenn nun das Känguru ihn fräße?!

Doch dieses dreht nach einer Stunde
den Kopf, aus irgend einem Grunde,

vielleicht auch ohne tiefern Sinn,
nach einer andern Richtung hin.

The Sparrow and the Kangaroo

Behind the fence, the kangaroo
has on a sparrow cast his view.

The sparrow perches on the pale –
he doesn't feel too hap and hale.

Uneasily he feels, instead,
the mammal's gaze and ducks his head.

The sparrow ruffles up his wings –
he doesn't trust the looks of things.

A terror threatens to unseat him:
What if the kangaroo should eat him?

The latter, though, will briefly pause,
then turn his head, perhaps for cause

(or possibly without reflection)
unto a different direction.

Das Nasobēm

Auf seinen Nasen schreitet
einher das Nasobēm,
von seinem Kind begleitet.
Es steht noch nicht im Brehm.

Es steht noch nicht im Meyer.
Und auch im Brockhaus nicht.
Es trat aus meiner Leyer
zum ersten Mal ans Licht.

Auf seinen Nasen schreitet
(wie schon gesagt) seitdem,
von seinem Kind begleitet,
einher das Nasobēm.

The Nosobame

Upon his noses stalketh
around – the Nosobame;
with him, his offspring walketh.
He is not yet in Brehm,

you find him not in Meyer
nor does him Brockhaus cite.
He stepped forth from my lyre
the first time into light.

Upon his noses stalketh
– I will again proclaim –
(with him his offspring walketh),
since then, the Nosobame.

Die Schildkrökröte

«Ich bin nun tausend Jahre alt
und werde täglich älter;
der Gotenkönig Theobald
erzog mich im Behälter.

Seitdem ist mancherlei geschehn,
doch weiß ich nichts davon;
zur Zeit, da läßt für Geld mich sehn
ein Kaufmann zu Heilbronn.

Ich kenne nicht des Todes Bild
und nicht des Sterbens Nöte:
Ich bin die Schild – ich bin die Schild –
Ich bin die Schild – krö – kröte.»

The Tortoitoise

"I am a thousand seasons old
and getting on in age;
the Gothic ruler Theobold
confined me in a cage.

A lot has happened since that day,
but what, I do not know.
At present I am on display,
for money, in a show.

All talk of death I can ignore
as so much idle noise.
I am the tor-, I am the tor-,
I am the tor-toi-toise."

Die beiden Esel

Ein finstrer Esel sprach einmal
zu seinem ehlichen Gemahl:

«Ich bin so dumm, du bist so dumm,
wir wollen sterben gehen, kumm!»

Doch wie es kommt so öfter eben:
Die beiden blieben fröhlich leben.

The Two Donkeys

A brooding donkey one day said
to his devoted lawful mate:

"I'm such an ass, you're such an ass,
we ought to kill ourselves, my lass."

But as it goes so often in life,
he's still around, and so's his wife.

S. C. W.

Das Huhn

In der Bahnhofhalle, nicht für es gebaut,
geht ein Huhn
hin und her ...
Wo, wo ist der Herr Stationsvorsteh'r?
Wird dem Huhn
man nichts tun?
Hoffen wir es! Sagen wir es laut:
daß ihm unsre Sympathie gehört,
selbst an dieser Stätte, wo es – «stört»!

The Hen

In the railroad station, never built for her,
walks a hen
to and fro.
Where, where did the station master go?
Will not men
harm the hen?
Let's hope not. Let's candidly aver
that our sympathy she still enjoys,
even in this place, where she annoys.

Möwenlied

Die Möwen sehen alle aus,
als ob sie Emma hießen.
Sie tragen einen weißen Flaus
und sind mit Schrot zu schießen.

Ich schieße keine Möwe tot,
ich laß sie lieber leben –
und füttre sie mit Roggenbrot
und rötlichen Zibeben.

O Mensch, du wirst nie nebenbei
der Möwe Flug erreichen.
Wofern du Emma heißest, sei
zufrieden, ihr zu gleichen.

The Seagulls

All seagulls look as if the name
of Emma ought to fit them;
they wear white feathers on their frame
and hunters sometimes hit them.

I never shoot a seagull dead;
I like to see them flourish;
and feed them pumpernickel bread
and raisins, which they cherish.

O human, we will never see
you fly as gulls all day do.
But if your name is Emma, be
content to look as they do.

Das Geierlamm

Der Lämmergeier ist bekannt,
das Geierlamm erst hier genannt.

Der Geier, der ist offenkundig,
das Lamm hingegen untergrundig.

Es sagt nicht hu, es sagt nicht mäh
und frißt dich auf aus nächster Näh.

Und dreht das Auge dann zum Herrn.
Und alle haben's herzlich gern.

The Hawken Chick

The Chicken Hawk is widely known;
the Hawken Chick is all my own.

The Hawk swoops down rapaciously;
the Chick does things more graciously.

It does not cluck, it does not coo;
but when you're close, it swallows you,

then stands so innocent and mute
that all are saying: "My, how cute!"

K. F. R.

Der Leu

Auf einem Wandkalenderblatt
ein Leu sich abgebildet hat.

Er blickt dich an bewegt und still
den ganzen 17. April.

Wodurch er zu erinnern liebt,
daß es ihn immerhin noch gibt.

The Lion

A leaf of a calendar on the wall
displays a lion, grand and tall.

He views you regal and serene
the whole of April seventeen.

Reminding you, lest you forget,
that he is not extinct as yet.

Das Perlhuhn

Das Perlhuhn zählt: eins, zwei, drei, vier ...
Was zählt es wohl, das gute Tier,
    dort unter den dunklen Erlen?

Es zählt, von Wissensdrang gejückt,
(die es sowohl wie uns entzückt):
    Die Anzahl seiner Perlen.

The Pearl Hen

The pearl hen counts: one, two, three, four ...
What does it count forevermore
    beneath the redwood burls?

It counts with scientific zeal
(which does to *it* and *us* appeal):
    the number of its pearls.

Das Mondschaf

Das Mondschaf steht auf weiter Flur.
Es harrt und harrt der großen Schur.
     Das Mondschaf.

Das Mondschaf rupft sich einen Halm
und geht dann heim auf seine Alm.
     Das Mondschaf.

Das Mondschaf spricht zu sich im Traum:
«Ich bin des Weltalls dunkler Raum.»
     Das Mondschaf.

Das Mondschaf liegt am Morgen tot.
Sein Leib ist weiß, die Sonn' ist rot.
     Das Mondschaf.

The Moonsheep

The moonsheep stands upon the clearing.
He waits and waits to get his shearing.
      The moonsheep.

The moonsheep plucks himself a blade
returning to his alpine glade.
      The moonsheep.

The moonsheep murmurs in his dream:
"I am the cosmos' gloomy scheme."
      The moonsheep.

The moonsheep, in the morn, lies dead.
His flesh is white, the sun is red.
      The moonsheep.

Die Fingur

Es lacht die Nachtalp-Henne,
es weint die Windhorn-Gans,
es bläst der schwarze Senne
zum Tanz.

Ein Uhu-Tauber turtelt
nach seiner Uhuin.
Ein kleiner Sechs-Elf hurtelt
von Busch zu Busch dahin ...

Und Wiedergänger gehen,
und Raben rufen kolk,
und aus den Teichen sehen
die Fingur und ihr Volk ...

The Fingoor

The nightalp chicken chuckles,
the windhorn ganders toot;
the swarthy swain unbuckles
his flute.

A he-owl, dove-like, turtles
to woo his owlish she;
a little Six Nix hurtles
along from tree to tree ...

And spooks their spook are wreaking,
and crows are cawing "croak;"
and from the ponds are peeking
the Fingoor and her folk.

K. F. R.

Km 21

Ein Rabe saß auf einem Meilenstein
und rief Ka-em-zwei-ein, Ka-em-zwei-ein ...

Der Werhund lief vorbei, im Maul ein Bein,
der Rabe rief Ka-em-zwei-ein, zwei-ein.

Vorüber zottelte das Zapfenschwein,
der Rabe rief und rief Ka-em-zwei-ein.

«Er ist besessen!» – kam man überein.
«Man führe ihn hinweg von diesem Stein!»

Zwei Hasen brachten ihn zum Kräuterdachs.
Sein Hirn war ganz verstört und weich wie Wachs.

Noch sterbend rief er (denn er starb dort) sein
Ka-em-zwei-ein, Ka-em-Ka-em-zwei-ein.

U.S. 29

A raven squatted on a highway sign
and screamed: You-ess two-nine, You-ess two-nine ...

The werehound, bone in mouth, ran past to dine;
the raven screamed: You-ess two-nine, two-nine.

Along the road there came the porcupine;
the raven screamed and screamed: You-ess two-nine.

"He is obsessed," the public did opine;
"he should be led away from yonder sign!"

Two rabbits carried him to Duck who quacks;
his brain was all disturbed and soft as wax.

But with his dying breath he screamed his line:
You-ess two-nine, You-ess, You-ess two-nine.

K. F. R.

Der Werwolf

Ein Werwolf eines Nachts entwich
von Weib und Kind, und sich begab
an eines Dorfschullehrers Grab
und bat ihn: Bitte, beuge mich!

Der Dorfschulmeister stieg hinauf
auf seines Blechschilds Messingknauf
und sprach zum Wolf, der seine Pfoten
geduldig kreuzte vor dem Toten:

«Der Werwolf», – sprach der gute Mann,
«des Weswolfs, Genetiv sodann,
dem Wemwolf, Dativ, wie man's nennt,
den Wenwolf, – damit hat's ein End'.»

Dem Werwolf schmeichelten die Fälle,
er rollte seine Augenbälle.
Indessen, bat er, füge doch
zur Einzahl auch die Mehrzahl noch!

Der Dorfschulmeister aber mußte
gestehn, daß er von ihr nichts wußte.
Zwar Wölfe gäb's in großer Schar,
doch «Wer» gäb's nur im Singular.

Der Wolf erhob sich tränenblind –
er hatte ja doch Weib und Kind!!
Doch da er kein Gelehrter eben,
so schied er dankend und ergeben.

The Banshee (an Approach)

One night, a banshee slunk away
from mate and child, and in the gloom
went to a village teacher's tomb,
requesting him: "Inflect me, pray."

The village teacher climbed up straight
upon his grave stone with its plate
and to the apparition said
who meekly knelt before the dead:

"The banSHEE, in the subject's place;
the banHERs, the possessive case.
The banHER, next, is what they call
objective case – and that is all."

The banshee marveled at the cases
and writhed with pleasure, making faces,
but said: "You did not add, so far,
the plural to the singular!"

The teacher, though, admitted then
that this was not within his ken.
"While 'bans' are frequent", he advised,
"a 'shey' cannot be pluralized."

The banshee, rising clammily,
wailed: "What about my family?"
Then, being not a learned creature,
said humbly "Thanks" and left the teacher.

K. F. R.

Der Zwölf-Elf

Der Zwölf-Elf hebt die linke Hand:
Da schlägt es Mitternacht im Land.

Es lauscht der Teich mit offnem Mund.
Ganz leise heult der Schluchtenhund.

Die Dommel reckt sich auf im Rohr.
Der Moorfrosch lugt aus seinem Moor.

Der Schneck horcht auf in seinem Haus;
desgleichen die Kartoffelmaus.

Das Irrlicht selbst macht Halt und Rast
auf einem windgebrochnen Ast.

Sophie, die Maid, hat ein Gesicht:
Das Mondschaf geht zum Hochgericht.

Die Galgenbrüder wehn im Wind.
Im fernen Dorfe schreit ein Kind.

Zwei Maulwürf küssen sich zur Stund
als Neuvermählte auf den Mund.

Hingegen tief im finstern Wald
ein Nachtmahr seine Fäuste ballt:

Dieweil ein später Wanderstrumpf
sich nicht verlief in Teich und Sumpf.

Der Rabe Ralf ruft schaurig: «Kra!
Das End ist da! Das End ist da!»

Der Zwölf-Elf senkt die linke Hand:
Und wieder schläft das ganze Land.

The Twelve Nix

The Twelve Nix raises up his hand
and midnight strikes throughout the land.

The gaping pond in silence harks;
the canyon canine softly barks.

The bittern rises from its bog;
out of his swampland peers the frog.

The snail perks up within his house,
and likewise the potato mouse.

The will o' wisp has stopped its jig
and rests upon a broken twig.

Sophia dreams, the hangman's wench:
The moonsheep pleads before the bench.

The gallows gang sways up and down;
an infant cries far off in town.

Two moles, just married, turn about
and kiss each other on the snout.

While deep within the forest's mist
a spiteful night ghoul shakes his fist

because a hiker, late on tour,
did not get lost in pond and moor.

The Raven Ralph calls out in fear:
"The end is near, the end is near!"

The Twelve Nix, now, puts down his hand
and sleep again enshrouds the land.

K. F. R.

Die zwei Wurzeln

Zwei Tannenwurzeln groß und alt
unterhalten sich im Wald.

Was droben in den Wipfeln rauscht,
das wird hier unten ausgetauscht.

Ein altes Eichhorn sitzt dabei
und strickt wohl Strümpfe für die zwei.

Die eine sagt: knig. Die andre sagt: knag.
Das ist genug für einen Tag.

The Two Roots

A pair of pine roots, old and dark,
make conversation in the park.

The whispers where the top leaves grow
are echoed in the roots below.

An agèd squirrel sitting there
is knitting stockings for the pair.

The one says: squeak. The other: squawk.
That is enough for one day's talk.

Vice versa

Ein Hase sitzt auf einer Wiese,
des Glaubens, niemand sähe diese.

Doch, im Besitze eines Zeißes,
betrachtet voll gehaltnen Fleißes

vom vis-à-vis gelegnen Berg
ein Mensch den kleinen Löffelzwerg.

Ihn aber blickt hinwiederum
ein Gott von fern an, mild und stumm.

Vice Versa

A rabbit sits upon the green
believing it can not be seen.

A man, though, with a telescope
and watching keenly on a slope

extending from a near-by knoll,
observes the little spoon-eared troll.

The man, in turn, from far is seen
by God, reposeful and serene.

Der Gingganz

Ein Stiefel wandern und sein Knecht
von Knickebühl gen Entenbrecht.

Urplötzlich auf dem Felde drauß
begehrt der Stiefel: Zieh mich aus!

Der Knecht drauf: Es ist nicht an Dem;
doch sagt mir, lieber Herre, –!: wem?

Dem Stiefel gibt es einen Ruck:
Fürwahr, beim heiligen Nepomuk,

ich GING GANZ in Gedanken hin ...
Du weißt, daß ich ein andrer bin,

seitdem ich meinen Herrn verlor ...
Der Knecht wirft beide Arm' empor,

als wollt er sagen: Laß doch, laß!
Und weiter zieht das Paar fürbaß.

The Wentall

A boot was walking with his jack
from Haverstraw to Hackensack.

Then, suddenly, among the trees,
the boot demanded: "Strip me, please!"

The jack replied: "Yes, Sir, why not;
but, may I ask – of whom or what?"

The boot, at that, was thunderstruck
and answered: "Holy Nepomuk!

I WENT ALL lost in thought, bemused –
you know, I have been quite confused

since I have lost my master, so ..."
The jack threw up his arms as though

he meant to say: "Why should I care?"
And further trudged along the pair.

Bim, Bam, Bum

Ein Glockenton fliegt durch die Nacht,
als hätt' er Vogelflügel;
er fliegt in römischer Kirchentracht
wohl über Tal und Hügel.

Er sucht die Glockentönin BIM,
die ihm vorausgeflogen;
d.h. die Sache ist sehr schlimm,
sie hat ihn nämlich betrogen.

«O komm» so ruft er, «komm, dein BAM
erwartet dich voll Schmerzen.
Komm wieder, BIM, geliebtes Lamm,
dein BAM liebt dich von Herzen!»

Doch BIM, daß ihr's nur alle wißt,
hat sich dem BUM ergeben;
der ist zwar auch ein guter Christ,
allein das ist es eben.

Der BAM fliegt weiter durch die Nacht
wohl über Wald und Lichtung.
Doch, ach, er fliegt umsonst! Das macht,
er fliegt in falscher Richtung.

Ding Dong Dang

A bell sound flies through night in search,
as if on bird wings soaring;
he flies in the garb of the Roman Church,
the hills and dales exploring.

He seeks the lady bell sound DING
who'd winged away before him;
they have to settle a serious thing:
she broke the troth she swore him.

"O come," he calls, "O come. Your DONG
awaits you, pet, with anguish.
Return, my DING, for whom I long,
don't let your sweetheart languish!"

But DING had yielded, it is true,
to DANG's gallant devices;
he is an honest Christian too –
that's just what caused the crisis.

So DONG continues through the night
through bare and wooded section.
He flies, alas, in vain: His flight
is in the wrong direction.

Das Einhorn

Das Einhorn lebt von Ort zu Ort
  nur noch als Wirtshaus fort.

Man geht hinein zur Abendstund'
  und sitzt den Stammtisch rund.

Wer weiß! Nach Jahr und Tag sind wir
  auch ganz wie jenes Tier

Hotels nur noch, darin man speist –
  (so völlig wurden wir zu Geist).

Im «Goldnen Menschen» sitzt man dann
  und sagt sein Solo an ...

The Unicorn

The unicorn has only been
    preserved in signs that mark an inn.

There, round the table, one enjoys
    an evening with the boys.

Who knows how soon will I and you
    be like this creature too:

Just names of taverns we shall be
    (spiritualized entirely).

Then in the "Golden Man" till late
    one plays and draws a straight.

Gruselett

Der Flügelflagel gaustert
durchs Wiruwaruwolz,
die rote Fingur plaustert
und grausig gutzt der Golz.

Scariboo

The Winglewangle phlutters
through widowadowood,
the crimson Fingoor splutters
and scary screaks the Scrood.

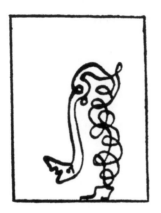

Palmström

Palmström steht an einem Teiche
und entfaltet groß ein rotes Taschentuch:
Auf dem Tuch ist eine Eiche
dargestellt, sowie ein Mensch mit einem Buch.

Palmström wagt nicht sich hineinzuschneuzen. –
Er gehört zu jenen Käuzen,
die oft unvermittelt-nackt
Ehrfurcht vor dem Schönen packt.

Zärtlich faltet er zusammen,
was er eben erst entbreitet.
Und kein Fühlender wird ihn verdammen,
weil er ungeschneuzt entschreitet.

Palmstroem

Palmstroem stands beside a pond
where a scarlet handkerchief he wide unfolds;
printed on it is an oak tree and, beyond,
a lone person and a book he holds.

Palmstroem does not dare to blow his nose;
he is plainly one of those
who at times, with sudden start,
feel a reverence for art.

He refolds with tender skill
what he just had spread out clean,
and no gentle soul will wish him ill
if, with nose unblown, he leave the scene.

Lärmschutz

Palmström liebt, sich in Geräusch zu wickeln,
teils zur Abwehr wider fremde Lärme,
teils um sich vor drittem Ohr zu schirmen.

Und so läßt er sich um seine Zimmer
Wasserröhren legen, welche brausen.
Und ergeht sich, so behütet, oft in

stundenlangen Monologen, stundenlangen Monologen, gleich dem Redner
von Athen, der in die Brandung brüllte,

gleich Demosthenes am Strand des Meeres.

Noise Protection

Palmstroem loves to wrap himself in noises –
partly to ward off extraneous clatter,
partly as protection against listeners.

So he has installed around his chambers
winding tubes in which the water rushes,
and indulges, thus protected, often

many hours in monologuing, many
hours in monologuing, like the ora-
tor of Athens who defied the breakers,

like Demosthenes beside the seashore.

Palmström an eine Nachtigall,
die ihn nicht schlafen ließ

Möchtest du dich nicht in einen Fisch verwandeln
und gesanglich dementsprechend handeln? –
Da es sonst unmöglich ist,
daß mir unternachts des Schlafes Labe
blüht, die ich nun doch notwendig habe!
      Tu es, wenn du edel bist!

Deine Frau im Nest wird dich auch so bewundern,
wenn du gänzlich in der Art der Flundern
auftrittst und im Wipfel wohlig ruhst,
oder, eine fliegende Makrele
sie umflatterst, holde Philomele,
      (– die du mir gewiß die Liebe tust!)

Palmstroem Addressing a Nightingale
That Did Not Let Him Sleep

Can't you turn yourself into a fish
and then, songwise, act accordinglish?
Otherwise I have to be resigned
to forego, when I at night retire,
sleep's refreshing rest, which I require –
    do this, if you have a noble mind!

In your nest your spouse – you will astound her
when you, in the manner of a flounder,
roost contentedly upon a tree;
or if you as flying mackerel
flit around her, lovely philomel
    (who will do this, will you not, for me).

Im Tierkostüm

Palmström liebt es, Tiere nachzuahmen,
und erzieht zwei junge Schneider
lediglich auf Tierkostüme.

So z.B. hockt er gern als Rabe
auf dem oberen Aste einer Eiche
und beobachtet den Himmel.

Häufig auch als Bernhardiner
legt er zottigen Kopf und tapfere Pfoten,
bellt im Schlaf und träumt gerettete Wanderer.

Oder spinnt ein Netz in seinem Garten
aus Spagat und sitzt als eine Spinne
tagelang in dessen Mitte.

Oder schwimmt, ein glotzgeäugter Karpfen,
rund um die Fontäne seines Teiches
und erlaubt den Kindern ihn zu füttern.

Oder hängt sich im Kostüm des Storches
unter eines Luftschiffs Gondel
und verreist so nach Egypten.

Palmstroem in Animal Costume

Palmstroem loves to copy animal creatures,
and he trains two youthful tailors
specially to make him animal costumes.

Thus, e.g., he likes to perch as raven
in the upper branches of an oak tree
and to watch there the horizon.

Often, too, as St. Bernard he
lays his shaggy head on valiant forepaws,
barks when sleeping, dreams of rescued travelers.

Or he spins a cobweb in his garden
using string, and sits there as a spider
many days within its center.

Or as carp with goggle eyes he splashes
in a circle round the fish pond's fountain
and permits the boys and girls to feed him.

Or he hangs, dressed up in stork attire,
underneath the cabin of an airship
and thus travels forth to Egypt.

Die Tagnachtlampe

Korf erfindet eine Tagnachtlampe,
die, sobald sie angedreht,
selbst den hellsten Tag
in Nacht verwandelt.

Als er sie vor des Kongresses Rampe
demonstriert, vermag
niemand, der sein Fach versteht,
zu verkennen, daß es sich hier handelt –

(Finster wird's am hellerlichten Tag,
und ein Beifallssturm das Haus durchweht)
(Und man ruft dem Diener Mampe:
«Licht anzünden») – daß es sich hier handelt

um das Faktum: daß gedachte Lampe,
in der Tat, wenn angedreht,
selbst den hellsten Tag
in Nacht verwandelt.

The Daynight Lamp

Korf invents a daynight lamp
which, as soon as operated,
turns the brightest day
into night.

When he demonstrates it on the ramp
of Convention Hall, no expert may
gainsay, if he's not opinionated,
that one finds it quite ...

(darkness falls upon the sunlit day;
delegates are clapping, fascinated,
and one calls to Butler Bramp:
"Turn the light on!") ... that one finds it quite

evident that the invented lamp
will indeed when operated
turn the brightest day
into night.

Die Korfsche Uhr

Korf erfindet eine Uhr,
die mit zwei Paar Zeigern kreist,
und damit nach vorn nicht nur,
sondern auch nach rückwärts weist.

Zeigt sie zwei, – somit auch zehn;
zeigt sie drei, – somit auch neun;
und man braucht nur hinzusehn,
um die Zeit nicht mehr zu scheun.

Denn auf dieser Uhr von Korfen,
mit dem janushaften Lauf,
(dazu ward sie so entworfen):
hebt die Zeit sich selber auf.

Korf's Clock

Korf a kind of clock invents
where two pairs of hands go round:
one the current hour presents,
one is always backward bound.

When it's two – it's also ten;
when it's three – it's also nine.
You just look at it, and then
time gets never out of line,

for in Korf's astute invention
with its Janus-kindred stride
(which, of course, was his intention)
time itself is nullified.

Palmströms Uhr

Palmströms Uhr ist andrer Art,
reagiert mimosisch zart.

Wer sie bittet, wird empfangen.
Oft schon ist sie so gegangen,

wie man herzlich sie gebeten,
ist zurück- und vorgetreten,

eine Stunde, zwei, drei Stunden,
jenachdem sie mitempfunden.

Selbst als Uhr, mit ihren Zeiten,
will sie nicht Prinzipien reiten:

Zwar ein Werk, wie allerwärts,
doch zugleich ein Werk – mit Herz.

Palmstroem's Clock

Palmstroem's clock – a different kind –
is mimosa-like designed.

All requests are kindly heeded:
Many times the clock proceeded

at the pace that folks were urging
– slowing up or forward surging

for one hour, or two, or three,
as impelled by sympathy.

Though a timepiece, it will never
stick to petty rules, however.

Just a clockwork, slick and smart,
yet a clockwork with a heart.

Die Probe

Zu einem seltsamen Versuch
erstand ich mir ein Nadelbuch.

Und zu dem Buch ein altes zwar,
doch äußerst kühnes Dromedar.

Ein Reicher auch daneben stand,
zween Säcke Gold in jeder Hand.

Der Reiche ging alsdann herfür
und klopfte an die Himmelstür.

Drauf Petrus sprach: «Geschrieben steht,
daß ein Kamel weit eher geht

durchs Nadelöhr als Du, du Heid,
durch diese Türe groß und breit!»

Ich, glaubend fest an Gottes Wort,
ermunterte das Tier sofort,

ihm zeigend hinterm Nadelöhr
ein Zuckerhörnchen als Douceur.

Und in der Tat! Das Vieh ging durch,
obzwar sich quetschend wie ein Lurch!

Der Reiche aber sah ganz stier
und sagte nichts als: Wehe mir!

The Test

To set up an experiment
some money I on needles spent

and on a camel which, though old,
was quite exceptionally bold.

Near me a rich man took his stand,
twain bags of gold in either hand.

The rich man did not hesitate
to knock upon the pearly gate.

St. Peter answered: "It is writ:
A needle's eye will ere permit

a camel's body to pass through
than this wide gate make way for you."

I, trusting fully God's command,
at once cajoled the creature and

displayed behind the needle's eye
a tempting piece of sugar pie.

And so indeed! Through went the brute,
although it wiggled like a newt.

The rich man, though, stared gloomily
and said no word but: "Woe is me!"

Korfs Verzauberung

Korf erfährt von einer fernen Base,
einer Zauberin,
die aus Kräuterschaum Planeten blase,
und er eilt dahin,
eilt dahin gen Odelidelase,
zu der Zauberin ...

Findet wandelnd sie auf ihrer Wiese,
fragt sie, ob sie sei,
die aus Kräuterschaum Planeten bliese,
ob sie sei die Fei,
sei die Fei von Odeladelise?
«Ja, sie sei die Fei!»

Und sie reicht ihm willig Krug und Ähre,
und er bläst den Schaum,
und sieh da, die wunderschönste Sphäre
wölbt sich in den Raum,
wölbt sich auf, als ob's ein Weltball wäre,
nicht nur Schaum und Traum.

Und die Kugel löst sich los vom Halme,
schwebt gelind empor,
dreht sich um und mischt dem Sphärenpsalme,
mischt dem Sphärenchor
Töne, wie aus ferner Hirtenschalme
dringen sanft hervor.

In dem Spiegel aber ihrer Runde
schaut v. Korf beglückt,
was ihm je in jeder guten Stunde
durch den Sinn gerückt:
Seine Welt erblickt mit offnem Munde
Korf entzückt.

Korf and the Sorceress

Korf hears of a faraway relation,
of a sorceress,
who blows planets from an herb potation,
and in hastiness
he proceeds to Odel-o-delation
to the sorceress.

And he finds her, walking by the ocean,
asks: "Are you the fay
who blows planets from an herbal potion?
Are you that one, pray,
she, the fay of Odel-i-delotion?"
Yes, she was the fay.

Willingly she hands him straw and ewer,
and he blows a stream
which transforms before the awestruck viewer,
in a mystic gleam,
to a sphere, and to a world globe, truer
than mere foam and dream.

And the bubble leaves the straw and rises,
floats toward the sky;
as it turns and turns Korf recognizes
spheral music, high,
shawm sounds, as from shepherd exercises,
gently drifting by.

Korf, however, in the sphere's reflection
sees, to his delight,
thoughts he long had cherished with affection
coming into sight –
Korf sees his own world in this projection
of his fancies' flight.

Und er nennt die Base seine Muse,
und sieh da! sieh dort!
Es erfaßt ihn was an seiner Bluse
und entführt ihn fort,
führt ihn fort aus Odeladeluse
nach dem neuen Ort ...

And he calls his kin his "intuition,"
and behold and lo!
something grabs him, takes him on a mission,
flies him off, heigh-ho,
flies him off from Odel-a-delition,
off to Timbuctoe ...

Die Behörde

Korf erhält vom Polizeibüro
ein geharnischt Formular,
wer er sei und wie und wo.

Welchen Orts er bis anheute war,
welchen Stands und überhaupt,
wo geboren, Tag und Jahr.

Ob ihm überhaupt erlaubt,
hier zu leben und zu welchem Zweck,
wieviel Geld er hat und was er glaubt.

Umgekehrten Falls man ihn vom Fleck
in Arrest verführen würde, und
drunter steht: Borowsky, Heck.

Korf erwidert darauf kurz und rund:
«Einer hohen Direktion
stellt sich, laut persönlichem Befund,

untig angefertigte Person
als nichtexistent im Eigen-Sinn
bürgerlicher Konvention

vor und aus und zeichnet, wennschonhin
mitbedauernd nebigen Betreff,
Korf. (An die Bezirksbehörde in –).»

Staunend liest's der anbetroffne Chef.

The Police Inquiry

Korf gets a police chief's questionnaire,
written in a stiff, official way,
asking who he is and how and where.

At what other places did he stay,
what professional life he claims to lead,
and when born, exactly, year and day.

Furthermore, was he indeed
licensed here to live? And would he check
where he banks, and what his race and creed?

Otherwise he'll get it in the neck
and be jailed. Below are two
signatures: Borowsky, Heck.

Korf replies in short, without ado:
"Honorable gracious Sir,
after thorough personal review

it is necessary to aver
that the party signed below
does not actually occur

in conventional reality, although
he himself by self-same fact is vexed.
Korf. (To County Office so-and-so.)"

The concerned police chief reads, perplexed.

Die Wage

Korfen glückt die Konstruierung einer
musikalischen Personenwage,
Pfund für Pfund mit Glockenspielansage.

Jeder Leib wird durch sein Lied bestimmt;
selbst der kleinste Mensch, anitzt geboren,
silberglöckig seine Last vernimmt.

Nur v. Korf entsendet keine Weise,
als (man weiß) nichtexistent im Sinn
abwägbarer bürgerlicher Kreise.

The Scales

Korf succeeds in cleverly constructing
weighing scales that tell the music type
of a person – sounding bell and pipe.

Every person's body has its song;
even little babies born this morning
hear their tonal weight by silver gong.

Only for von Korf no tune is played.
He's (we know) fictitious in the eyes
of the citizen who can be weighed.

Korf erfindet eine Art von Witzen

Korf erfindet eine Art von Witzen,
die erst viele Stunden später wirken.
Jeder hört sie an mit langer Weile.

Doch als hätt' ein Zunder still geglommen,
wird man nachts im Bette plötzlich munter,
selig lächelnd wie ein satter Säugling.

Korf's Joke

Korf invents a novel kind of joke
which won't take effect for many hours.
Everyone is bored when first he hears it.

But he will, as though a fuse were burning,
suddenly wake up in bed at night time,
smiling sweetly like a well-fed baby.

Gleichnis

Palmström schwankt als wie ein Zweig im Wind ...
Als ihn Korf befrägt, warum er schwanke,
meint er: Weil ein lieblicher Gedanke,
wie ein Vogel, zärtlich und geschwind,
auf ein kleines ihn belastet habe –
schwanke er, als wie ein Zweig im Wind,
schwingend noch von der willkommnen Gabe ...

Simile

Palmstroem sways like foliage in the breeze ...
When Korf asks the reason for his swaying,
he replies: A lovely thought was weighing
down upon him, tender and with ease
like a bird in delicate commotion –
that's why he is swaying in the breeze,
still aswinging from the welcome notion.

Bilder

Bilder, die man aufhängt umgekehrt,
mit dem Kopf nach unten, Fuß nach oben,
ändern oft verwunderlich den Wert,
weil ins Reich der Phantasie erhoben.

Palmström, dem schon frühe solches kund,
füllt entsprechend eines Zimmers Wände,
und als Maler großer Gegenstände
macht er dort begeistert Fund auf Fund.

Pictures

Pictures hung in upside-down position,
upper hand reversed with lower hand,
may find unexpected recognition,
for they are transposed to fairyland.

Palmstroem knows this, and he fills with pleasure
one room's walls with paintings upside down;
as himself an artist of renown
he discovers treasure after treasure.

Die Brille

Korf liest gerne schnell und viel;
darum widert ihn das Spiel
all des zwölfmal unerbetnen
Ausgewalzten, Breitgetretnen.

Meistes ist in sechs bis acht
Wörtern völlig abgemacht,
und in ebensoviel Sätzen
läßt sich Bandwurmweisheit schwätzen.

Es erfindet drum sein Geist
etwas, was ihn dem entreißt:
Brillen, deren Energien
ihm den Text – zusammenziehen!

Beispielsweise dies Gedicht
läse, so bebrillt, man – nicht!
Dreiundreißig seinesgleichen
gäben erst – Ein – – Fragezeichen!!

The Spectacles

Korf reads avidly and fast.
Therefore he detests the vast
bombast of the repetitious,
twelvefold needless, injudicious.

Most affairs are settled straight
just in six words or in eight;
in as many tapeworm phrases
one can prattle on like blazes.

Hence he lets his mind invent
a corrective instrument:
Spectacles whose focal strength
shortens texts of any length.

Thus, a poem such as this,
so beglassed one would just – miss.
Thirty-three of them will spark
nothing but one question mark.

Der Träumer

Palmström stellt ein Bündel Kerzen
auf des Nachttischs Marmorplatte
und verfolgt es beim Zerschmelzen.

Seltsam formt es ein Gebirge
aus herabgefloßner Lava,
bildet Zotteln, Zungen, Schnecken.

Schwankend über dem Gerinne
stehn die Dochte mit den Flammen
gleichwie goldene Zypressen.

Auf den weißen Märchenfelsen
schaut des Träumers Auge Scharen
unverzagter Sonnenpilger.

The Dreamer

Palmstroem lights a bunch of candles
on the stone plate of his nightstand
and observes them gently melting.

Strangely, now they form a mountain
out of downward-flowing lava,
model fringes, frostings, spirals.

Quivering above the runlets
stand the wicks with flames uprising
like a golden cypress forest.

On the white romantic rock crags
sees the dreamer's vision flocks of
dauntless sunward-striving pilgrims.

Muhme Kunkel

Palma Kunkel ist mit Palm verwandt,
doch im Übrigen sonst nicht bekannt.
Und sie wünscht auch nicht bekannt zu sein,
lebt am liebsten ganz für sich allein.

Über Muhme Palma Kunkel drum
bleibt auch der Chronist vollkommen stumm.
Nur wo selbst sie aus dem Dunkel tritt,
teilt er dies ihr Treten treulich mit.

Doch sie trat bis jetzt noch nicht ans Licht,
und sie will es auch in Zukunft nicht.
Schon, daß hier ihr Name lautbar ward,
widerspricht vollkommen ihrer Art.

Cousin Kunkel

Palma Kunkel is a Palmstroem kin,
otherwise of unknown origin.
Nor is she desirous to be known,
and she much prefers to live alone.

Cousin Kunkel's chronicler therefore
says about her record nothing more.
Only when she leaves her privacy
on her own, he notes it faithfully.

Up to now, though, she has shunned the light
and will henceforth, too, stay out of sight.
Even that these lines her name contain
goes decidedly against her grain.

Exlibris

Ein Anonymus aus Tibris
sendet Palman ein Exlibris.

Auf demselben sieht man nichts
als den weißen Schein des Lichts.

Nicht ein Strichlein ist vorhanden.
Palma fühlt sich warm verstanden.

Und sie klebt die Blättlein rein
allenthalben dankbar ein.

Ex Libris for Palma Kunkel

An Anonymus from Tibris
sent to Palma some ex libris,

which show nothing but the bright
radiance of shining light –

nothing further. She feels good
and profoundly understood.

Grateful Palma, nice and neat,
pastes in every book a sheet.

Das Polizeipferd

Palmström führt ein Polizeipferd vor.
Dieses wackelt mehrmals mit dem Ohr
und berechnet den ertappten Tropf
logarhythmisch und auf Spitz und Knopf.

Niemand wagt von nun an einen Streich:
denn der Gaul berechnet ihn sogleich.
Offensichtlich wächst im ganzen Land
menschliche Gesittung und Verstand.

The Police Horse

Palm exhibits a police horse here.
This just wiggles slightly with its ear
and resolves then in the shortest time
logarithmically every crime.

No one ventures now a wicked deed
for that horse computes the same with speed.
Clearly, people everywhere get wise
and morality is on the rise.

Der Papagei

Palma Kunkels Papagei
spekuliert nicht auf Applaus;
niemals, was auch immer sei,
spricht er seine Wörter aus.

Deren Zahl ist ohne Zahl:
Denn er ist das klügste Tier,
das man je zum Kauf empfahl,
und der Zucht vollkommne Zier.

Doch indem er streng dich mißt,
scheint sein Zungenglied verdorrt.
Gleichviel, wer du immer bist,
er verrät dir nicht ein Wort.

The Parakeet

Palma Kunkel's parakeet
is no glory-seeking bird;
he stays silently discreet,
and his words are never heard.

Countless is their count; for he
is the smartest bird indeed
ever offered for a fee;
and a credit to his breed.

Sternly he will measure you,
but his tongue seems in decay;
and, no matter what you do,
not one word he'll ever say.

Die Mausefalle

Palmström hat nicht Speck im Haus,
dahingegen eine Maus.

Korf, bewegt von seinem Jammer,
baut ihm eine Gitterkammer.

Und mit einer Geige fein
setzt er seinen Freund hinein.

Nacht ist's und die Sterne funkeln.
Palmström musiziert im Dunkeln.

Und derweil er konzertiert,
kommt die Maus hereinspaziert.

Hinter ihr, geheimer Weise,
fällt die Pforte leicht und leise.

Vor ihr sinkt in Schlaf alsbald
Palmströms schweigende Gestalt.

II

Morgens kommt v. Korf und lädt
das so nützliche Gerät

in den nächsten, sozusagen
mittelgroßen Möbelwagen,

den ein starkes Roß beschwingt
nach der fernen Waldung bringt,

The Mouse Trap

Palm lacks bacon in the house,
but is troubled by a mouse.

Korf, aroused by Palmstroem's gloom,
builds for him a wire room.

And he puts his buddy in,
next to him a violin.

Night arrives with stars aspark;
Palmstroem fiddles in the dark.

As the artist hits his stride
comes the mouse and steps inside.

Bock of it, like mystery,
drops the trapdoor quietly.

Shortly, Palmstroem falls in deep,
undisturbed, and quiet sleep.

II

Korf, at daybreak, loads his client's
cleverly conceived appliance

onto what we'd say is an
intermediate moving van,

which a horse's lively trot
carries to a distant spot,

wo in tiefer Einsamkeit
er das seltne Paar befreit.

Erst spaziert die Maus heraus,
und dann Palmström, nach der Maus.

Froh genießt das Tier der neuen
Heimat, ohne sich zu scheuen.

Während Palmström, glückverklärt,
mit v. Korf nach Hause fährt.

to a lonely forest where
he sets free the precious pair.

First the mouse steps out, and then
Palmstroem leaves the wire pen.

Through the new environment
rumps the mouse in rapt content;

Palmstroem, homebound with his friend,
relishes the happy end.

Der Aesthet

Wenn ich sitze, will ich nicht
sitzen, wie mein Sitz-Fleisch möchte,
sondern wie mein Sitz-Geist sich,
säße er, den Stuhl sich flöchte.

Der jedoch bedarf nicht viel,
schätzt am Stuhl allein den Stil,
überläßt den Zweck des Möbels
ohne Grimm der Gier des Pöbels.

The Aesthete

When I sit, I do not care
just to sit to suit my hindside:
I prefer the way my mind-side
would, to sit in, build a chair.

For the mind spurns comfort, while
prizing in a stool but style;
leaves the seat's pragmatic job
gladly to the greedy mob.

Der Glaube

Eines Tags bei Kohlhasficht
sah man etwas Wunderbares.
Doch daß zweifellos und wahr es,
dafür bürgt das Augenlicht.

Nämlich, standen dort zwei Hügel,
höchst solid und wohl bestellt;
einen schmückten Windmühlflügel
und den andern ein Kornfeld.

Plötzlich, eines Tags um viere
wechselten die Plätze sie;
furchtbar brüllten die Dorfstiere
und der Mensch fiel auf das Knie.

Doch der Bauer Anton Metzer,
weit berühmt als frommer Mann,
sprach: ich war der Landumsetzer,
zeigt mich nur dem Landrat an.

Niemand anders als mein Glaube
hat die Berge hier versetzt.
Daß sich Keiner was erlaube:
Denn ich fühle stark mich jetzt.

Aller Auge stand gigantisch
offen, als er dies erzählt.
Doch das Land war protestantisch
und in Dalldorf starb ein Held.

Faith

One fine day near Abecee
lo! a myst'ry came about.
It was true without a doubt,
as was plain for all to see.

There two hills were situated,
solid, stable, not to yield –
one was windmill-decorated,
one embellished by a field.

On that day, then, close to seven,
both changed places suddenly;
ghastly roared the bulls to heaven,
every man dropped on his knee.

But Al Metzer, local granger,
well-known pious man of peace,
said: "*I* was the landscape changer.
Go, complain to the police!

Nothing but my firm conviction
and my faith moved mountains here.
I heed no one's contradiction,
I feel strong, let this be clear!"

But this magical solution
the agnostic state denied;
sent him to an institution,
where the man, a martyr, died.

Im Reich der Interpunktionen

Im Reich der Interpunktionen
nicht fürder goldner Friede prunkt:

Die Semikolons werden Drohnen
genannt von Beistrich und von Punkt.

Es bildet sich zur selben Stund
ein Antisemikolonbund.

Die einzigen, die stumm entweichen
(wie immer), sind die Fragezeichen.

Die Semikolons, die sehr jammern,
umstellt man mit geschwungnen Klammern

und setzt die so gefangnen Wesen
noch obendrein in Parenthesen.

Das Minuszeichen naht und – schwapp!
Da zieht es sie vom Leben ab.

Kopfschüttelnd blicken auf die Leichen
die heimgekehrten Fragezeichen.

Doch, wehe! neuer Kampf sich schürzt:
Gedankenstrich auf Komma stürzt –

und fährt ihm schneidend durch den Hals –
bis dieser gleich – und ebenfalls

(wie jener mörderisch bezweckt)
als Strichpunkt das Gefild bedeckt! ...

In the Land of Punctuation

The peaceful land of punctuation
a state of civil strife bemoans:

The dots and commas of the nation
have called the semicolons "drones."

They form at once for their intrigue
an antisemicolon league.

The question marks believe it smart
(as always) calmly to depart.

The semicolons with chagrin
lament, as brackets fence them in;

und furthermore one places these
poor prisoners in parentheses.

The minus sign, who then arrives,
takes – swish! – away the captives' lives.

The question marks on their return
look at the bodies with concern.

But, woe, a new war has begun:
The dashes at the commas run

and cut across the latters' necks,
until the overpowered wrecks

(the dashes' minds are murder-bound!)
as semicolons hit the ground.

Stumm trägt man auf den Totengarten
die Semikolons beider Arten.

Was übrig von Gedankenstrichen,
kommt schwarz und schweigsam nachgeschlichen.

Das Ausrufszeichen hält die Predigt;
das Kolon dient ihm als Adjunkt.

Dann, jeder Kommaform entledigt,
stapft heimwärts man, Strich, Punkt, Strich, Punkt ...

Both semicolon types they carry
in silence to the cemetarry.

The dashes who survived the war
slink after in the mourning corps.

With colon's aid, the exclamation
mark loudly mourns the victims' lot.

Then, free from comma-like formation,
they all stamp home, dash, dot, dash, dot ...

Der Traum der Magd

Am Morgen spricht die Magd ganz wild:
Ich hab heut nacht ein Kind gestillt –

ein Kind mit einem Käs als Kopf –
und einem Horn am Hinterschopf!

Das Horn, o denkt euch, war aus Salz
und ging zu essen, und dann –
                         «Halt's –
halt's Maul!» so spricht die Frau, «und geh
an deinen Dienst, Zä-zi-li-ē!»

The Maid's Dream

When morning came, the maid went wild
and raved: "Last night I nursed a child –

a child who wore a cheese as head,
and from its hair a horn outspread.

The horn – just think! – was salty, but
was fit to eat, and after ..."
                        "Shut –
shut up," the mistress said, "and see
about Your duties, Ce-ci-lee!"

Zäzilie

I

Das Erste, des Zäzilie beflissen,
ist dies: sie nimmt von Tisch und Stuhl die Bücher
und legt sie Stück auf Stück, wie Taschentücher,
jeweils nach bestem Wissen und Gewissen.

Desgleichen ordnet sie die Schreibereien,
die Hefte, Mappen, Bleis und Gänsekiele,
vor Augen nur das eine Ziel der Ziele,
dem Genius Ordnung das Gemach zu weihen.

Denn Sauberkeit ist zwar nicht ihre Stärke,
doch Ordnung, Ordnung ist ihr eingeboren.
Ein Scheuerweib ist nicht an ihr verloren.
Dafür ist Symmetrie in ihrem Werke.

II

Zäzilie soll die Fenster putzen,
sich selbst zum Gram, jedoch dem Haus zum Nutzen.

Durch meine Fenster muß man, spricht die Frau,
so durchsehn können, daß man nicht genau
erkennen kann, ob dieser Fenster Glas
Glas oder bloße Luft ist. Merk dir das.

Zäzilie ringt mit allen Menschen-Waffen ...
Doch Ähnlichkeit mit Luft ist nicht zu schaffen.
Zuletzt ermannt sie sich mit einem Schrei –
und schlägt die Fenster allesamt entzwei!

Cecily

I

For Cecily, the first concern and bother
is this: She takes the books from chairs and table
and stacks them up, as best as she is able,
like handkerchiefs each one atop the other.

She likewise tidies up, as careful warder,
the notebooks, folders, writing pens, and pencils;
she sees as goal of goals for these utensils
a room devoted to the god of order.

For cleanliness was not her strong point ever,
but order, order is her great ambition.
A cleaningwoman's job is not her mission,
but symmetry prevails in her endeavor.

II

Maid Cecily must wash the window glass;
which benefits the house, but grieves the lass.

"My windows," says Madame, "must look so well,
that no one should be able quite to tell
with full assurance if the glass he sees
is glass or simply air; now mind this, please!"

Though Cecily tries all of man's devices –
to make glass look like air not one suffices.
At last she gets up nerve, and with a shout
knocks all the blasted window glasses out.

Dann säubert sie die Rahmen von den Resten,
und ohne Zweifel ist es so am besten.
Sogar die Dame spricht zunächst verdutzt:
So hat Zäzilie ja noch nie geputzt.

Doch alsobald ersieht man, was geschehn,
und sagt einstimmig: Diese Magd muß gehn.

Then picks remaining splinters from the frame,
und this, without a doubt, serves best her aim.
Madame herself, perplexed at first, says, flat:
"Why, Cecily has never cleaned like that!"

But soon it is found out why this is so,
and everybody says: "This maid must go."

Die weggeworfene Flinte

Palmström findet eines Abends,
als er zwischen hohem Korn
singend schweift,
eine Flinte.

Trauernd bricht er seinen Hymnus
ab und setzt sich in den Mohn,
seinen Fund
zu betrachten.

Innig stellt er den Verzagten,
der ins Korn sie warf, sich vor
und beklagt
ihn von Herzen.

Mohn und Ähren und Cyanen
windet seine Hand derweil
still um Lauf,
Hahn und Kolben ...

Und er lehnt den so bekränzten
Stutzen an den Kreuzwegstein,
hoffend zart,
daß der Zage,

nocheinmal des Weges kommend,
ihn erblicken möge – und –
(.. Seht den Mond
groß im Osten ..)

The Thrown-away Towel (an Approach)

Palmstroem wandering one evening,
singing, in a field of wheat
growing tall,
finds a towel.

Mournfully he stops his chanting
and he settles twixt the stalks
to inspect
what he found.

With compassion he imagines
him who threw it in, discouraged,
and is deeply
sorry for him.

And his hand braids bachelor buttons,
thereupon, and grain, and poppies
silently
round the towel.

Then he leans this floral towel
on a mile stone, entertaining
tender hopes
that the hopeless

who threw in the towel may see it
if again he passes by,
and may have
a change of heart.

Die Schuhe

Man sieht sehr häufig unrecht tun,
doch selten öfter als den Schuhn.

Man weiß, daß sie nach ewgen Normen
Die Form der Füße treu umformen.

Die Sohlen scheinen auszuschweifen,
bis sie am Ballen sich begreifen.

Ein jeder merkt: es ist ein Paar.
Nur Mägden wird dies niemals klar.

Sie setzen Stiefel (wo auch immer)
einander abgekehrt vors Zimmer.

Was müssen solche Schuhe leiden!
Sie sind so fleißig, so bescheiden;

sie wollen nichts auf dieser Welt,
als daß man sie zusammenstellt,

nicht auseinanderstrebend wie
das unvernünftig blöde Vieh!

O Ihr Marie, Sophie, Therese, –
der Satan wird euch einst, der böse,

die Stiefel anziehn, wenn es heißt,
hinweg zu gehn als seliger Geist!

Dann werdet ihr voll Wehgeheule,
das Schicksal teilen jener Eule,

The Shoes

Injustice done is rarely news,
but least of all when done to shoes.

They, in accord with ancient laws,
are built to sheathe your nether paws.

The soles seem briefly to diverge
until they, at the instep, merge;

quite obviously they are a pair –
but servant maids don't seem to care:

they place the shoes, wher-e'er you go,
not face to face, but dos-à-dos.

What must those suffering shoes endure!
They are so eager, yet demure,

having one single earthly pride:
to be placed neatly side by side,

not pulling west and pulling east,
like some benighted stupid beast.

O you, Therese, Sophie, Marie,
the devil will put boots on thee

the day the death knell for you tolls
and separates you from your souls.

Then you shall share, despite your howl,
the fate of that unhappy owl,

die, als zwei Hasen nach sie flog,
und plötzlich jeder seitwärts bog,

der eine links, der andre rechts,
zerriß (im Eifer des Gefechts)!

Wie Puppen, mitten durchgesägte,
so werdet ihr alsdann, ihr Mägde,

bei Engeln halb und halb bei Teufeln
von niegestillten Tränen träufeln,

der Hölle ein willkommner Spott
und peinlich selbst dem lieben Gott.

who – following two hares in chase,
which, of a sudden, changed their pace,

one turning left, the other right –
split in the fever of the flight!

Like puppets sawed in two by blades,
you shall, thereafter, O you maids,

shed tears in never-ending spell,
in heaven half, and half in hell,

despised and scorned by Hades' king,
to God Himself embarrassing.

Tapetenblume

«Tapetenblume bin ich fein,
kehr' wieder ohne Ende,
doch, statt im Mai'n und Mondenschein,
auf jeder der vier Wände.

Du siehst mich nimmerdar genung,
so weit du blickst im Stübchen,
und folgst du mir per Rösselsprung –
wirst du verrückt, mein Liebchen.»

The Wallpaper Flower

"Wallpaper flower, that is I,
in May I do not bloom;
but endlessly I multiply
throughout the four-walled room.

Your eyes that search unceasingly
look for the end in vain;
and if they hopscotch after me,
my love, you go insane."

Der Korbstuhl

Was ich am Tage stumm gedacht,
vertraut er eifrig an der Nacht.

Mit Knisterwort und Flüsterwort
erzählt er mein Geheimnis fort.

Dann schweigt er wieder lang und lauscht –
indes die Nacht gespenstisch rauscht.

Bis ihn der Bock von neuem stößt
und sich sein Krampf in Krachen löst.

The Wicker Chair

What secretly I thought by Day
to Night she promptly gives away.

With crackling sounds and cackling sounds
my silent notions she propounds.

Then she is quiet and sits tight,
while muffled rustlings stir the Night.

Until another fit is due
and she starts chattering anew.

Die Nähe

Die Nähe ging verträumt umher ...
Sie kam nie zu den Dingen selber.
Ihr Antlitz wurde gelb und gelber,
und ihren Leib ergriff die Zehr.

Doch eines Nachts, derweil sie schlief,
da trat wer an ihr Bette hin
und sprach: Steh auf, mein Kind, ich bin
der kategorische Komparativ!

Ich werde dich zum Näher steigern,
ja, wenn du willst, zur Näherin! –
Die Nähe, ohne sich zu weigern,
sie nahm auch dies als Schicksal hin.

Als Näherin jedoch vergaß
sie leider völlig, was sie wollte,
und nähte Putz und hieß Frau Nolte
und hielt all Obiges für Spaß.

The Flat

A Flat was moodily depressed;
one never called it sharp or curvy.
It felt as if beset with scurvy
and nursed resentment in its chest.

One night, though, as it lay in bed,
the hero of our narrative
awakened it: "I am," he said,
"the categoric comparative.

I'll elevate you to a Flatter
or to a Flatterer, indeed!"
The Flat assumed it did not matter,
considered briefly and agreed.

As Flatterer the Flat, however,
forgot its grievance rather fast,
for everyone now finds it clever
and disregards its shallow past.

K. F. R.

Ukas

Durch Anschlag mach ich euch bekannt:
Heut ist kein Fest im deutschen Land.
Drum sei der Tag für alle Zeit
zum Nichtfest-Feiertag geweiht.

Ukase

I make it known by proclamation:
Today's no feast day in this nation.
Wherefore this day forever may
be fêted as Nonholiday.

Christian Morgenstern – amerikanischer Ehrenbürger

Es begann damit, daß ich Cassells *Encyclopedia of World Literature* (erschienen 1954 bei Funk and Wagnalls in New York) unter «Morgenstern» aufschlug und dort las, daß mein Lieblingsdichter «praktisch unübersetzbar» und somit der englischen Sprachwelt verschlossen sei. Ich habe kein besonderes Bedürfnis, gepflegte Rasen zu betreten, aber wenn irgendwo «Betreten verboten» steht, dann fühle ich ein leichtes Zucken; «unübersetzbar» ist beinahe wie «verboten».

So begann ich mit dem «Lattenzaun» – und es ging ganz leicht, selbst mit den Innenreimen («Zwischenraum, hindurchzuschaun»). Das «Wiesel» war auch nicht schwierig, wenn auch etwas delikater, denn die Übersetzung sollte in Reim, Metrik und Zeilenlänge dem Original folgen; bei manchen Gedichten auch in der Interpunktion, wenn diese an entscheidender Stelle stand – beim «Wiesel» etwa das Abteilungszeichen («raffinier-/te Tier»), beim «Perlhuhn» die Klammer, bei «Korfs Uhr» die Gedankenstriche. Selbst das Wortspiel in der «Anto-logie» ließ sich mühelos übertragen, ja das Englische war so freundlich, eine Dividende in Gestalt des «Ten-ant» beizutragen. Aber manche Gedichte wehrten sich. Sie stellten interessante Übersetzungsaufgaben als Resultat von Sprachzufälligkeiten, Phantasiefiguren und wörtlich genommenen Idiomen.

Ein Beispiel für Sprachzufälligkeit ist das «Gebet», in dem Morgenstern kühn von «hab acht» auf «Halb neun» aufsteigt. Hier steht einer englischen Sprachzufälligkeit eine deutsche gegenüber, ohne daß die Vorstellungswelt des Gedichts besonders verändert werden mußte; da hatte der Übersetzer einfach Glück gehabt. Karl F. Ross hat mit seiner Methode der Analogie im «Werwolf» die Übersetzungsaufgabe der Sprachzufälligkeit gelöst: die Vorstellungswelt ist von einem in einen Wolf verwandelten Menschen, dem Werwolf, in einen schottischen Geist, Banshee, übertragen, der Todesfälle ankündigt; aber das «Milieu» ist beibehalten – die Geister- und Märchenwelt, ja sogar die Friedhofsatmosphäre. Wir können ruhig sagen, daß es Morgenstern nur darauf ankam, eine

Sprachzufälligkeit grammatisch ad absurdum zu führen und es ihm gleichgültig war, ob von einem Wolf oder einem Geist die Rede war – wir können es sagen, denn Morgenstern hat diese Einstellung in anderen Gedichten selbst ausgesprochen: das erwähnte Wiesel saß nur «des Reimes willen» «auf einem Kiesel / inmitten Bachgeriesel» und darf daher auf Englisch ohne Entschuldigung auf einer Staffelei inmitten von Disteln sitzen.

Die Phantasiefiguren – wie sagt man Nachtalp-Henne oder Fingur auf Englisch? – haben Karl F. Ross und ich Englisch nacherfunden; wir sind bereit, unsere vorlaute Einstellung zu korrigieren, falls jemand eine passendere Übersetzung in einem Wörterbuch finden sollte.

Wörtlich genommene deutsche Idiome oder sprichwörtliche Wendungen sind besonders anregende Tummelplätze für den Übersetzer. Wenn im Deutschen jemand «die Flinte ins Korn wirft» und Palmström die Flinte im Kornfeld findet und voll Mitgefühl an den Armen denkt, der den Mut verloren hat, kann der Übersetzer sich wieder mit einer Analogie helfen. In der ersten Ausgabe benutzte ich die englische Wendung «to sow wild oats» (wörtlich: «wilden Hafer säen» im Sinne von «liederlich leben»), um die Vorstellungswelt des Kornfelds (Haferfelds) beizubehalten; in der letzten Ausgabe gefiel mir «to throw in the towel» (wörtlich: «das Handtuch [in den Box-Ring] werfen» im Sinne von «den Kampf als hoffnungslos aufgeben») besser, was der Bedeutung der weggeworfenen Flinte näher kommt.

Mit Analogien kann man sich weit vorwagen. Wie übersetzt man «Fisches Nachtgesang» oder «Das große Lalulā»? Wenn sich die Fische gefallen lassen müssen, daß man sie buchstäblich «übersetzt» («trans-late»), gehört dazu eigentlich die Bewegung der flachen Hand, die die Fläche von oben nach unten kehrt. Das «Lalulā» kann man sich in Kindersprache geschrieben vorstellen, und der Dichter, der sich ein kindliches Gemüt bewahrt hat, mag als Kind gedacht sein, das mit Bausteinen spielt wie mit Worten. In «Übersetzung» etwa:

Das große Lalulā	All Is Well
Kroklokwafzi? Sememi!	*Build a shelter? No – a castle!*
Seiokrontro – prafriplo:	*Get the play Blocks – here we go:*
Bifzi, bafzi; hulalemi:	*helter-skelter; flag and tassel:*
quasti basti bo ...	*eeny meeny mo ...*
Lalu lalu lalu lalu la!	*All is, all is, all is, all is well.*
Hontraruru miromente	*Build it higher – this will scare 'em.*
zasku zes rü rü?	*Tumble? Fiddle dee!*
Entepente, leiolente	*Harum-scarum, no alarum,*
klekwapufzi lü?	*taller now than me?*
Lalu lalu lalu lalu la!	*Allis, allis, allis, allis well.*
Simarar kos malzipempu	*Take a chance, be bold, be nervy,*
silzuzankunkrei (;)!	*burg is well designed!*
Marjomar dos: Quempu Lempu	*Ah! It tumbles topsy-turvy ...*
Siri Suri Sei [ ]!	*Never, never mind!*
Lalu lalu lalu lalu la!	*Allisallisallisallis well.*

Als die englische Übersetzung zum erstenmal in Amerika in Buchform vorlag, schien die Frage der Übersetzbarkeit beantwortet. In Wahrheit bewies das Buch aber bloß, daß ein Verleger die Übersetzung akzeptiert hatte. Ein Werk kann in Wahrheit erst dann als übersetzt gelten, wenn die Übersetzung beim Publikum der Zielsprache akzeptiert wird. Da die Übersetzungen zweisprachig erschienen – deutsch mit gegenüberstehendem englischen Text –, mochte das Buch vielleicht deutschsprechenden Amerikanern oder englischsprechenden Deutschen Spaß machen, die im Vergleich der beiden Sprachen eine Art Übersetzungsspiel sahen. Das Buch bewies noch nicht, daß der englische Morgenstern auf eigenen Füßen stehen und Stockamerikanern gefallen konnte. Erst als die *Chicago Tribune* mehrere Seiten der übersetzten Gedichte nur auf Englisch brachte und als der amerikanische Dichter Ogden Nash die Gedichte nur auf Englisch auf eine Schallplatte (Cadmon Records, New York) sprach, hatte Morgenstern offenbar in der neuen Welt fußgefaßt.

Das Übersetzen der *Galgenlieder* war reine Freude. Ich sandte Entwürfe an meine Freunde, mit dem Resultat, daß einer davon, Karl F. Ross aus New York, nicht nur willkommene Verbesserungen machte (besonders auch in *Palmstroem*), sondern einige Gedichte selbst beisteuerte: «The Flat», «Raven Ralph», «Hawken Chick», «Fingoor», «U.S. 29», «Banshee» und «The Twelve Nix». Und Sophie C. Wilkins aus New York sandte mir ihre Version der «Two Donkeys», die mir besser gefiel als meine eigene und die ich demnach, mit ihrer Erlaubnis, hier einschloß. Beiden meinen herzlichen Dank für ihren Anteil an der Ernennung von Christian Morgenstern zum Ehrenbürger der Vereinigten Staaten.

Max Knight

Max Knight mit seiner Übersetzung von Morgensterns Galgenliedern *(1963)*.

Max Knight –
Überleben und Übersetzen

Manchmal kommen Bälle durch die Luft geflogen, die man nur aufzufangen braucht – und schon ist man mitten im Spiel. Ein solch überraschender Spielball flog mir in einer Rezitation von Christian Morgensterns «Möwenlied», zuerst auf Deutsch, danach in englischer Übersetzung, zu. Diese nämlich begeisterte mich so offensichtlich, daß die Rezitatorin[1] sich auf die Suche machte und mir das antiquarisch aufgestöberte Buch schenkte: Christian Morgenstern: *Galgenlieder und andere Gedichte*, ausgewählt und ins Englische übertragen von Max Knight / *Gallows Songs and other Poems*, selected and translated by Max Knight, erschienen 1972 im Piper Verlag. Jedoch seit vielen Jahren vergriffen, wie ich bald herausfand, und also schwierig aufzutreiben.

So reifte in mir die Idee, dieses Buch im Paralleldruck wieder herauszubringen. Es war nicht nur der Genuß einer sprachlich stereophonen Lektüre all dieser «Morgensterne», sondern auch die Bewunderung dafür, daß einer es sich in den Kopf gesetzt hatte, unübersetzbare Gedichte zu übersetzen. Knight erzählt in seinem «Nachwort» selbst, weshalb und wie er sich an die Übertragung dieser kunstvoll rhythmischen und in melancholischem Wortwitz einzigartigen Gedichte gemacht hat.

Auf Morgenstern-Texten, so war mir klar, lagen keine Autorenrechte mehr, sehr wohl aber auf den Übersetzungen. Wer also war Max Knight? Im Piper Verlag, mit dem ich mich über mein Projekt verständigte, wußte man keine Adresse und konnte auch nicht sagen, ob dieser begnadete Übersetzer noch lebte. Beim nächtlichen Internetsurfen mit diversen Suchmaschinen fand ich dann relativ bald über den Onlinekatalog der «Library of Congress» heraus, daß Max Knight auch unter den Namen «Max Kühnel» und «Peter Fabrizius» publiziert hatte. Kurz darauf stieß ich auf einen Nachruf aus der *New York Times* vom 30. September 1993. Im dort abgedruckten knappen Lebenslauf wurde blitzartig etwas von der schwarzen Geschichte des 20. Jahrhunderts sichtbar: Geboren als

Max Kühnel von ursprünglich jüdischen Eltern in Pilsen, aufgewachsen in Wien, Journalist und Schriftsteller, war er 1938 aufgrund der «Machtübernahme» durch die Nationalsozialisten in Österreich über London nach Schanghai und von dort aus 1941 in die USA geflohen, wo er sich unter dem amerikaniserten Namen Knight eine neue Existenz aufbauen konnte.

Damit aber bekam diese Morgenstern-Übersetzung für mich eine zusätzliche Tiefendimension. Wenn man Heinrich Heines schöne Wendung vom «portativen Vaterland» auch auf Schätze der Literatur beziehen darf: Hatte Kühnel/Knight vielleicht das, was von seiner alten Heimat «portabel» und ihm lieb war, vor seiner Flucht noch rasch eingepackt und später durch Übersetzung gerettet? Ein Arche-Frachtgut und ein Geschenk an die neue, rettende Heimat?

Aber das war eben nur eine Vermutung, und noch immer hatte ich keine Adresse der Nachkommen. Als ich nach digitalen Umwegen über das «Archiv für Exilliteratur» in Wien[2] sowie über das «M.E. Grenander Department of Special Collections and Archives»[3] schließlich die Anschrift des Max Knight-Trusts erhielt, fand ich Kontakt zu Knights beiden Söhnen Anthony and Martin (Marty). Sie stimmten freundlicherweise einem Wiederabdruck der Übersetzungen zu, wofür ihnen hiermit ganz herzlich gedankt sei. Einzige Auflage: Der Band müsse einen kleinen Lebenslauf und ein Foto des Vaters enthalten. Das hatte ich ohnehin vorgehabt. Denn für mich war die Begegnung mit dem Wortmenschen, dem Schriftsteller, Übersetzer und Lektor Max Knight inzwischen so lebendig geworden, daß mein geplantes «Nachnachwort» natürlich nicht ohne einen Hinweis auf dieses abenteuerliche und eindrückliche Leben auskommen konnte: ein Leben, in dem sich exemplarisch die tragische Geschichte vieler Intellektueller des 20. Jahrhunderts spiegelt, insbesondere jener mit jüdischem Hintergrund, die der Rassismus ihrer Identität und Heimat beraubte und zur Flucht zwang.

So will ich denn mit wenigen Strichen den bewegten Lebenslauf nachzeichnen. Mit *One and One Make Three. Story of a Friendship*[4] liegt eine von Joseph Fabry, Max Knight und Peter Fabrizius verfaßte Doppelautobiographie vor, in der die beiden Freunde Joseph Epstein (der spätere Joseph [Joe] Fabry, 1909–1999) und Max Kühnel (der spätere Max Knight, 1909–1993) ihr Leben in Wien, ihre

Flucht und ihren Neubeginn in den USA erzählen. Es ist die berührende Geschichte einer Freundschaft, die mit dem Schreiben von Kurzgeschichten unter dem gemeinsamen Pseudonym «Peter Fabrizius» in Wien ihren Anfang nahm und ein Leben lang hielt. Aus Obengesagtem dürfte deutlich geworden sein: Bei Peter Fabrizius handelt es sich um «one of those rare authors who walk on four legs»[5] – wie Clair Hayden Bell so herrlich witzig formuliert hat. Und das gemeinsam verfaßte Alterswerk erbringt den schlagenden Beweis für einen arithmetisch kaum, lebensgeschichtlich aber sehr wohl einleuchtenden Titel.

Max Eugen Kühnel wurde am 8. Juni 1909 in Pilsen geboren. Mit seinen Eltern und einem jüngeren Bruder wuchs er in Wien auf. Der Vater war Vizepräsident einer Bank und später an der Wiener Börse tätig. Der jüdische Hintergrund der Familie spielte keine Rolle im kosmopolitisch-bürgerlichen Milieu Wiens, dem sie angehörte. Max ging auf das humanistische Gymnasium, studierte danach Jurisprudenz an der «Alma Mater Rudolphina Vindobonensis», wo er in seinem Mitstudenten Joseph Epstein einen Freund und für den vierbeinigen «Peter Fabrizius» die zwei fehlenden Beine fand. Unter diesem Autorenpseudonym veröffentlichten die beiden von 1931 bis 1938 rund 200 kurze Texte für die Wiener Tagespresse und konnten damit – neben späteren Anstellungen als Journalisten – einen Teil ihres Lebensunterhalts bestreiten. Dies, weil ihre Texte Erfolg hatten und sie Meister der Zweit- und Drittverwertung[6] in verschiedenen deutschsprachigen Zeitungen waren. Aus den meist leichtfüßigen, witzigen Geschichten ragt für mich «Der Knopf»[7] heraus, eine gekonnte Persiflage auf einen Wiener Sherlock Holmes, der seinem staunenden Gegenüber von einem zufällig gefundenen Knopf Punkt für Punkt (und alles aufgrund detektivischer Indizienlogik) sagen kann, daß dieser einem unverheirateten, mindestens achtundfünfzigjährigen pensionierten Marineoffizier gehören müsse, der an der Ellstraße 14 im vierten Bezirk wohne und am selben Abend bei einer Veteranenzusammenkunft im Europe-Theater anzutreffen sei! Im nächsten Abschnitt dann wird mit der gleichen ruhigen Präzision berichtet, wie es tatsächlich war, daß der Knopf in Wirklichkeit keineswegs dem besagten Marineoffizier, sondern der reizenden neunzehnjährigen Tilly verlorengegangen war, einer Aushilfsgarderobiere im Europe-Theater, als sie eine

Marineuniform vom Kostümverleih ins Theater bringen sollte ... Danach nimmt die Geschichte nochmals eine überraschende Wendung – und man versteht, daß der vierbeinige und zweiköpfige Fabrizius mit solchen Geschichten Erfolg hatte ...

Max, die politischere, linke Hirnhälfte von Peter Fabrizius, erkannte bald, daß die Lage für Juden nach 1933 auch in Österreich gefährlich werden würde. Er verschaffte sich 1936 eine Anstellung als Korrespondent des *Wiener Tagblatts* in London, wo er für die Fabrizius-Geschichten einen Übersetzer fand und wertvolle Kontakte knüpfen konnte. Diese kamen ihm zwei Jahre später zugute, als er, aufgrund eines attraktiven Stellenangebotes wieder in Wien, nach dem «Anschluß» Österreichs ans «Reich» 1938 Knall auf Fall nach England flüchten mußte. Sein Freund Joe, der die Lage anders eingeschätzt hatte, war einer jener vielen jüdischen Staatsbürger, die von nationalsozialistischen Schlägern gezwungen wurden, Wiener Gehsteige zu putzen, bespuckt und beschimpft von Umstehenden. Später gelang auch ihm die Flucht nach London. Peter Fabrizius war nun für kurze Zeit wiedervereint, bis Max im Februar 1940 ein Schiff nach Schanghai bestieg, da sich für ihn alle Aussichten auf ein Visum für die USA zerschlagen hatten, während Joseph schon im März desselben Jahres im sicheren Kalifornien landen konnte. Schanghai war damals einer der wenigen Orte, die für jüdische Flüchtlinge nicht durch restriktive Immigrationsbestimmungen verschlossen waren.[8] Max gelang es nicht nur, Fabrizius-Stories in den *North China Daily News* unterzubringen, er bekam bei dieser Zeitung sogar eine gutbezahlte Anstellung als Journalist. Für jemanden, der erst zwei Jahre zuvor in London intensive Englischkurse besucht hatte, war das ein beachtlicher Ausweis von Überlebenskunst. Aber Schanghai war natürlich nicht der Ort seiner Träume, und wie er zuvor für seinen Freund Joe Fluchthelfer nach London gewesen war, so war es jetzt dieser, der 1941 alle Hebel in Bewegung setzte, daß Max schließlich die Papiere für eine Immigration in die USA bekam und am 2. Mai 1941 die Reise nach Kalifornien antreten konnte.

Dort angekommen, galt es, eine neue Existenz aufzubauen. Auf Anraten von Freunden amerikanisierte Max nun seinen angestammten Namen «Kühnel» in «Knight». Und da niemand auf einen mittellosen österreichischen Juristen gewartet hatte, der bislang als deutschsprachiger Journalist (mit Kurzzeiterfahrung bei den *North China Daily News* ...) tätig gewesen war, kam wiederum eine Mischung aus Chuzpe, Überlebenswillen und Leistungsbereitschaft zum Tragen, die Max Knight über verschiedene Stationen führte, bis seine zweite Existenz auf sicheren Füßen stand. Diese Stationen waren die folgenden: Privatschuhputzer; Eintagsjournalist bei der *Oakland Tribune* – sechs Stunden dauerte dort seine Anstellung, bevor er gefeuert wurde (was ihn allerdings nicht daran hinderte, sie später in seinem Curriculum ohne genauere Zeitangaben anzuführen); Hilfsangestellter in einem Schiffbauunternehmen; Spezialist für «Manchuria» im «Office of War Information» (über den genaueren geographischen Standort und einige statistische Grunddaten der Mandschurei hatte er sich einen Tag zuvor in der Universitätsbibliothek kundig gemacht); Finanzjournalist und darauf Redaktor für agrikulturwissenschaftliche Publikationen der University of California; akademischer Mitarbeiter am «Hoover Institute»,[9] wo er einen Doktortitel in politischen Wissenschaften erwarb; schließlich Übersetzer, Verlagsmitarbeiter und zu guter Letzt Cheflektor der University of California Press.

Hier war er in seinem Element: Arbeit mit und an der Sprache. Denn das war schon immer seine Passion. Er hatte eine Sicherheit im Englischen gewonnen, die ihn zum Sprachlehrer nicht weniger seiner amerikanischen Autoren machte. Somit füllten die Beurteilung von Manuskripten und Buchprojekten, die Beratung von Autoren, editorische Textarbeit, Fragen der Typographie und Buchherstellung jetzt seinen professionellen Alltag aus.

Und nun hatte er endlich die Muße, neben größeren Übersetzungsprojekten (wie etwa von Hans Kelsens *Theorie des reinen Rechts*, der Korrespondenz zwischen Richard Strauss und Stefan Zweig oder von Paul Klees Tagebüchern) wieder seinen Leidenschaften, zum Beispiel dem Humoristischen, zu frönen: Er machte er sich unter anderem[10] an die Übersetzung der geliebten *Galgenlieder* Christian Morgensterns, die schließlich 1962 unter seinem, nicht unter Peter Fabrizius' Namen bei der University of California Press herauskamen. Denn die beiden Freunde Max und Joe hatten sich in verschiedene Richtungen entwickelt. Joe Fabry war zum unitarischen Christentum konvertiert, er hatte zuerst als Übersetzer und dann als wichtigster Vermittler von Viktor Frankls Logotherapie in den USA eine neue Lebensaufgabe gefunden. Ihrer Freundschaft tat das aber keinen Abbruch, weder Joes Wendung zum Christentum noch Max' Skepsis gegenüber traditionellen Religionen – seine Spiritualität bezog sich auf die Natur, die Bergwelt – führte zu einer gegenseitigen Entfremdung. Und Peter Fabrizius war damit keineswegs gestorben: Neben einigen gemeinsamen Übersetzungsprojekten (Bertolt Brecht, Karl Kraus, Johann Nestroy)[11] schrieben Knight und Fabry schließlich ihre schöne, lesenswerte «shared autobiography» *One and One make Three*.

Max Knight starb am 31. August 1993 im 84. Altersjahr, er liegt auf dem «Sunset»-Friedhof in Kensington begraben.

Was kommt einem in den Sinn, wenn man mit Blick auf Knights Leben über die Motive nachdenkt, die ihm Morgensterns Galgenlieder so kostbar gemacht haben mochten? Vielleicht das Gedicht «Galgenberg»:

Blödem Volke unverständlich	*Enigmatic for the masses*
treiben wir des Lebens Spiel.	*playfully with life we fool.*
Gerade das, was unabwendlich	*That which human wits surpasses*
fruchtet unserm Spott als Ziel.	*draws our special ridicule.*
Magst es Kinder-Rache nennen	*Call it infantile vendetta*
an des Daseins tiefem Ernst;	*on life's deeply serious aim –*
wirst das Leben besser kennen,	*you will know existence better*
wenn du uns verstehen lernst.	*once you understand our game.*

Aber vielleicht auch die «Zauberin», die aus Kräuterschaum zarte, planetengroße Bälle zu blasen versteht, eine Morgensternsche Muse, die Korf und andere Poeten verzaubert und zu Weltballbläsern macht:

Und sie reicht ihm willig 　　*Krug und Ähre,* *und er bläst den Schaum,* *und sieh da, die wunderschönste* 　　　　　*Sphäre* *wölbt sich in den Raum,* *wölbt sich auf, als ob's ein* 　　　*Weltball wäre,* *nicht nur Schaum und Traum.*	*Willingly she hands him* 　　*straw and ewer,* *and he blows a stream* *which transforms before the* 　　　*awestruck viewer,* *in a mystic gleam,* *to a sphere, and to a* 　　*world globe, truer* *than mere foam and dream.*

Niklaus Peter

Anmerkungen

1 An Heidi Straehl meinen herzlichen Dank dafür ...

2 Hier liegt die eine Hälfte des Nachlasses von Max Knight.

3 An der University at Albany, NY, wo die andere Hälfte aufbewahrt wird.

4 Peter Fabrizius (Max Knight / Joseph Fabry): *One and One Make Three. Story of a Friendship*, Berkeley, CA: Benmir Books 1988.

5 Zitiert im Vorwort von Harry Zohn, op. cit., S. IX, Fußnote 4.

6 Sie boten die Texte unter verschiedenen Titeln an, lehnten sich dazu Freundesnamen aus oder erfanden welche; darunter übrigens auch «Brandy von Brandenburg», Joes Fox Terrier, so daß man an dieser Stelle gar von einem achtbeinigen Autor sprechen müßte ...

7 Sie ist wiederabgedruckt im Auswahlband: Max Knight / Joseph Fabry (Hrsg): *A Peter Fabrizius Reader. Selected Stories, Exilia, Verses, Essays from Two Worlds*, New York et al.: Peter Lang 1994. (Ich vermute, daß diese postume Edition Max Knight geärgert hätte, denn das Buch ist schlecht lektoriert und weist viele grobe Scanfehler auf.)

8 Siehe dazu unter anderem: Steve Hochstadt: *Shanghai-Geschichten. Die jüdische Flucht nach China*, Berlin: Hentrich & Hentrich 2007.

9 Frucht dieser Studienzeit war: Max Knight: *The German Executive. 1850–1933*, Palo Alto, CA: Stanford University Press 1952.

10 Hier wären auch zu nennen: sein großes Buch über die Alpen *Return to the Alps* (1970), das Kochbuch *The Original Blue Danube Cookbook* (1979) sowie sein humoristisches Büchlein Zany Zoo: *Humorous Animal Verses* (1993).

11 Für ihre Kraus- und Nestroy-Übersetzungen wurden Fabry und Knight 1986 mit dem «Goldenen Ehrenzeichen für Verdienste um die Republik Österreich» gewürdigt.

Verzeichnis der Vignetten von Christian Morgenstern

Alphabetisches Verzeichnis der Gedichte nach Anfängen und Überschriften

Schwabe reflexe   Die neue geisteswissenschaftliche Reihe
im Schwabe Verlag

reflexe 6
Martin Buber
Recht und Unrecht
Deutung einiger Psalmen
Mit einer Nachbemerkung und
Anmerkungen sowie einem Nachwort
von Thomas Reichert
2010. 87 Seiten. Broschiert
ISBN 978-3-7965-2662-6

Der wahre Mensch im Einklang mit Gott

reflexe 7
Annemarie Pieper
«Ein Seil, geknüpft zwischen Thier und Übermensch»
Philosophische Erläuterungen zu
Nietzsches *Also sprach Zarathustra* von 1883
2010. Ca. 416 Seiten. Broschiert
ISBN 978-3-7965-2662-6

*«Weit entfernt von der üblichen akademischen Bravheit,
wagemutig und überraschend»
Klaus Wellner*

reflexe 8
Wolfgang Rother
Lust
Perspektiven von Platon bis Freud
2010. 152 Seiten. Broschiert
ISBN 978-3-7965-2691-6

Eine kleine Kulturgeschichte der Lust

reflexe 9
Heinrich Füßli
Aphorismen über die Kunst
Übersetzt und herausgegeben von Eudo C. Mason
Mit einem Essay zur Neuausgabe von Beat Wyss
2011. Ca. 192 Seiten mit ca. 5 Abbildungen. Broschiert
ISBN 978-3-7965-2692-3
(in Vorbereitung)

Das umfassendste Denkporträt des großen Malers

Das Signet des 1488 gegründeten
Druck- und Verlagshauses Schwabe
reicht zurück in die Anfänge der
Buchdruckerkunst und stammt aus
dem Umkreis von Hans Holbein.
Es ist die Druckermarke der Petri;
sie illustriert die Bibelstelle
Jeremia 23,29: «Ist nicht mein Wort
wie Feuer, spricht der Herr,
und wie ein Hammer, der Felsen
zerschmettert?»